한 걸음씩 자라는
등산 육아

한 걸음씩

엄마도 아이도 함께 크는
특별한 등산 체험 육아 가이드

자라는

이진언 지음

등산
육아

평범한 워킹맘, '산 선생님'을 만나다

"겨울방학 때 아이들을 데리고 산을 잘 아는 선생님과 등산을 다닐 예정인데, 함께하지 않을래요?"

2019년 겨울, 지인이 재미있는 제안을 해왔다. 조금은 생소하고 부담스럽기도 했다. 나는 아이들을 데리고 등산을 한 경험이 거의 없었기 때문이다. 정작 내가 산에서 짐이 되면 어쩌나 싶기도 했다.

물론 나도 산을 좋아했지만 멀리서 바라보는 정도였다. 직접 오르는 것은 좋아하지 않았기에 선뜻 승낙할 수가 없었다.

일단 한 주만 따라가 볼까?

며칠 생각해본 후에 일단 한 주만 따라가 보기로 했다. 아이들이 산을 제대로 오를지도 모르겠고 내 체력도 장담할 수 없기 때문이었다. 무엇보다 아이들이 산을 가겠다고 할지도 의문이었다. 다행히 아이들은 지루한 겨울방학에 신나는 이벤트로 여겼다.

그렇게 우리는 곽정혜 산 선생님이 이끄는 원정대에 합류했다. 겨울에 이불만 꽁꽁 싸매고 있지 말고, 밖으로 나와 자연을 접해보자는 의미의 이름이었다. 에베레스트산을 등정한 곽정혜 선생님을 만나고 '산'과 '등산'에 대한 내 생각은 송두리째 바뀌었다.

정상에 오르는 것만이 등산이 아니었다. 산을 좋아하고 아끼는 모든 과정이 등산이었다. 등산은 자연과 함께 상생하는 또 다른 방법이며, 아이들에게 가장 좋은 환경교육 현장이 되어주었다.

집 안에서 상상만 하는 것과 집 밖으로 나서서 실제 해보는 것은 큰 차이가 있다. 거창하지 않은 작은 경험이라도 직접 보고 겪고 느낀 것이 울림이 더 크다. 이건 나의 육아 원칙이기도 하다. 집에서 비싸고 멋진 교육 프로그램을 보는 것보다 엄마 아빠와 함께 밖으로 나가 스스로 배우고 깨닫는 경험이 아이에겐 더 큰 가치가 있다.

엄마도 아이도 즐거운 등산

우연한 계기로 시작한 등산 덕에 나와 아이들은 새로운 관계를 맺으며 코로나19로 집콕하던 겨울방학을 건강하고 끈끈하게 보냈다. 산을 그저 자연의 하나로만 바라보던 우리가 산을 제대로 느껴본 소중한 시간이었다.

이제 우리는 함께 등산 계획을 짜고, 여행 가서 만난 산책 코스를 즐겁게 거닐며, 산속 캠핑도 자주 다닌다. 또한 가벼운 산행 코스는 여유롭게 완주한다. 등산을 하며 우리 아이들은 좀 더 진취적이고 적극적으로 바뀌었고 자신을 이겨낼 수 있는 힘을 얻었다.

이와 같은 우리의 이야기를 아이와 함께 산에 다니고 싶은 분들과 나누고 싶었다. 우리처럼 봄 여름 가을 겨울 사계절의 매력을 맛보며 즐거운 산행을 하는 데 도움이 되었으면 좋겠다.

아이들과 함께 가본 산은 어느 것 하나 예외 없이 찬란했다. 같은 산이지만 아이와 함께하는 산은 매번 달라지니까.

차례

산은 처음부터 지금까지

그 자리에서 우리를 맞이해주었고,

시시때때로 변하는 자연의 모습으로 즐겁게 해주었으며,

돌아가는 발걸음마저 풍요롭게 만들어주었다.

아이와 함께 기꺼이 산의 품으로 걸어 들어가려는 이들에게

등산 전 준비 가이드를 제시한다.

PART 1

아이와 함께, 산

자주 가봐야 알게 되는 등산의 매력

"왜 굳이 내려올 길을 그렇게 기를 쓰고 올라가는 거죠?"

산에 가지 않는 사람들이 등산하는 사람들에게 자주 묻는 말이다. 나도 마찬가지였다. 산이 좋아 자발적으로 다녀온 적이 없었다. 아무리 기억을 더듬어봐도 나는 등산을 좋아하는 사람이 아니었다.

다른 사람에게 민폐가 안 되게 나 자신 챙기기도 벅차기 때문에 아이들까지 데리고 간다는 것은 어불성설이었다. 등산을 가려면 어른도 준비할 것이 많다. 하물며 아이와 함께 간다면 짐뿐만 아니라 조심할 것도 많아 선뜻 감행하기가 쉽지 않다. 오히려 피하고 싶은 야외 활동이었다.

이랬던 내가 매주 산행이라니!

산에 오르는 걸 좋아하지 않던 내가 어떻게 등산의 매력을 알게 되었을까?

답은 어렵지 않았다. "자세히 보아야 예쁘다"는 시구처럼 가까이에서 산의 진짜 모습을 보니 어느새 자연스럽게 좋아졌다.

등산을 하며 계절이 변할 때마다 즐거웠다. 메마른 나무에 푸른 새순이 돋고 산 여기저기에 피어나는 온갖 봄꽃은 나와 우리 아이들에게 큰 축복으로 다가왔다.

요즘 계절의 변화를 제대로 느끼는 사람이 몇이나 될까? 그저 아파트 단지의 나무나 화단의 꽃을 보며, 옷의 길이가 달라지는 것 정도로 변화를 체감하지 않을까. 설령 계절의 변화를 알아도 각자의 일상에 쫓겨 무심히 흘려보내기 일쑤일 것이다.

그러나 산은 다르다. 산에 들어간 순간 계절의 변화가 고스란히 전해진다. 차를 타고 지나며 멀리서 바라보는 산은 계절의 변화가 하나의 큰 덩어리로 느껴진다. 초록빛이나 붉은빛으로 뭉뚱그려진다. 반면 산에 한 걸음씩 오르다 보면 진달래꽃도 산 아래와 정상의 색이 다름을 알 수 있다. 나무마다 단풍도 다르게 든다. 등산을 통해 가까이 체험한 자연은 엄마와 아이에게 경이로움과 멋진 추억을 안겨준다.

우리가 원정대와 함께 등산을 다녔던 겨울은 유독 추웠지만, 코로나19 여파로 공장이 멈춘 곳들이 많아서 공기가 맑았다. 이는 산 정상의 풍경에 엄청난 영향을 주었다. 높이가 낮은 산 정상에서도 멀리까지 펼쳐진 풍경을 볼 수 있었다. 등산 초보인 우리는 그 모습을 보며 늘 감탄했다.

꼭 정상까지 오르지 않아도 괜찮았다. 나뭇잎 사이로 내려오는 햇살을 받으며 산 중턱의 흙길, 숲길만 걸어도 우울감이 해소되었다. 산림욕의 효과는 누구나 다 알고 있을 것이다.

숲의 흙에는 '미코박테리움 바카이mycobacterium vaccae'라는 비병원성 박테리아가 사는데, 이 흙을 밟으면 호흡을 통해 체내에 들어간다. 2010년 미국 세이지 대학의 도로시 매슈스Dorothy Matthews 박사가 밝힌 것에 따르면, 이 박테리아는 뇌의 일부 신경세포 성장을 자극해 신경 전달 물질인 세로토닌을 증가시키고 불안감을 감소시키며 학습 능력을 높여준다고 한다.

산에 자주 다니는 사람들은 산에서 몸도 마음도 치유가 된다고 말한다. <나는 자연인이다>라는 TV 프로그램을 보면, 상처받은 자연인들이 많이 나온다. 도시의 삶을 떠나 산속에서 살아가며 건강도 되찾고, 마음의 상처도 치유했다는 경험담을 들려주곤 한다.

아이들에게도 등산은 좋은 영향을 미친다. 학업 스트레스가 쌓인 아이들이 주기적으로 산에 오르면 학습 능력 향상에 긍정적인 효과를 준다는 연구 결과가 있다.

등산은 처음에는 힘들다. 회사 행사로 한두 번 다녀왔다고 등산의 매력을 알 수 없다. 자주 보아야 정이 들 듯이 자주 가봐야 등산의 매력을 제대로 알 수 있다. 멀리서 볼 때는 한정적인 산의 매력이 가까이 갈수록 자주 갈수록 좀 더 자세히, 깊이 전해진다.

아이와 가는 산은
달라야 한다

험하지 않은 산은 편한 옷과 운동화 차림으로 가볍게 다녀올 수 있다. 하지만 많은 등산 초보자들이 자신의 실력을 고려하지 않고 무리한 코스로 산에 오른다. 왠지 좀 어려운 코스를 정복(?)해야 다녀온 보람이 있다고 생각한다. 결과로만 평가하는 우리 사회의 분위기가 산을 '정복'의 대상으로 만든 것은 아닐까 싶다. 하지만 그 바람에 다음 날 근육통에 시달리며 제대로 걷지도 못하는 일이 종종 생긴다.

가장 어리고 느린 아이도 오를 수 있는 산을 고르자

아이들과 함께 등산을 하려면 우선 아이의 체력을 객관적으로 살펴보고 산을 선택해야 한다. 아이가 첫 등산에서 힘들면 다음 등산은 안 가려고 할 것이다. 꾸준히 등산을 하려면 즐겁게 산 정상에 올랐다 안전하게 돌아오는 경험이 중요하다.

우리의 첫 등산 코스는 편하게 걸을 수 있는 북한산둘레길이 었다. 걱정했던 것과 달리 아이들은 너무 좋아했다. 첫째는 등산 중간중간 보이는 멋진 풍경을 카메라에 담기 바빴고, 둘째는 함께 오르는 동갑내기 친구와 요즘 최대 관심사인 슬라임과 좋아하는 유튜브 채널 이야기를 하며 산을 올랐다.

원정대는 여러 아이들이 함께 등산을 했다. 그러다 보니 아이들 모두 즐겁게 등산할 수 있도록 산을 정하는 것이 가장 중요했다. 우리나라는 도심에도 산이 많아 외국인들이 놀라워한다. 특히 서울에 있는 산은 생각보다 험한 산들이 많다. 북한산, 도봉산, 관악산 모두 아이들이 오르기에 쉬운 산은 아니다.

초등 고학년과 저학년이 함께할 때는 일행 중 가장 어리고 더디고 느린 아이도 잘 오를 수 있는 산을 골라야 한다. 운동신경이 발달한 아이와 몸치인 아이가 같이 간다면 몸치인 아이도 쉽게 오를 수 있는 산을 고르는 것이 좋다. 운동신경이 발달한 아이는 어떤 산이든 재미있게 도전할 것이므로 가장 더딘 아이에게 맞추는 것이 함께 다니는 산행에서 실패할 확률이 낮다.

산에는 여러 길이 있다. 각 산의 등산로는 천천히 돌아서 가는 쉬운 코스와 빠르고 가파르게 올라가는 힘든 코스로 나뉜 곳이 많다. 첫 등산 코스는 누구나 가볍게 걸을 수 있는 코스로 선택한다. 우선 산길을 걷는 것에 적응하는 것부터 시작해야 하기 때문이다.

아이와 처음 산에 오르겠다고 마음을 먹었다면 집에서 가까운 뒷산이나 잘 정리된 둘레길부터 걸어보자. 우리나라는 산악국가라고 말해도 될 정도로, 실제 도시 안에도 산들이 많다. 집 주변을 조금만 찾아봐도 지자체에서 준비해둔 둘레길 코스가 잘 짜여 있다. 아이와 함께 이런 둘레길들을 찾아다니는 것만으로도 즐거운 등산 나들이가 될 수 있다.

등산 시간은 하루 2~3시간을 넘지 않게 짠다. 특히 아이와 함께할 때는 시간을 여유롭게 잡는다. 시간을 급하게 잡으면 아이의 컨디션보다 목표 시간에만 얽매여 산의 여러 모습을 놓치기 쉽다. 2~3시간을 잡아도 아이와 함께 갈 경우에는 멀리 가기 힘들다. 끝까지 가지 않아도 괜찮다는 생각으로 둘레길 코스를 짜자.

둘레길을 걸어보며 걷기에 어느 정도 익숙해졌다면 산의 높이나 산길의 형태를 바꿔서 올라보자. 아이가 어떤 길을 좋아하고, 또 어떤 길은 힘들어하는지 파악이 될 것이다. 이렇게 몇 번 등산을 하며 시행착오를 겪다 보면 가족 모두가 함께 즐겁게 오를 수 있는 산의 모습과 높이 등이 가늠이 된다. 그리고 우리 가족이 산 정상을 좋아하는지, 산에서 만나는 풍경을 좋아하는지도 파악할 수 있어 가족에게 맞는 등산을 하게 될 것이다.

이제 본격적인 등산을 시작해보자.

'인도어 클라이밍'을 통해 미리 등산 계획 짜기

유아부터 초등학교의 아이와 함께 오른다면, 적당한 높이와 난이도의 산을 정해 등산 계획을 짠다. 등산로 경사가 너무 가파르거나 바위를 오르는 위험한 코스는 피한다. 산에 익숙한 부모도 아이와 함께 오르면 주의할 점이 많다. 그러나 대부분의 부모들이 산에 익숙하지 않기 때문에 등산 코스를 짤 때 안전을 최우선으로 삼아야 한다.

또한 산에 오르다 보면 정해진 코스에도 좌우로 샛길이 나 있는 경우가 많다. 길이 아닌데도 사람들이 지나다니며 생긴 길인데, 자칫 이 샛길로 빠져 길을 잃고 헤맬 수도 있다. 이를 대비해 등산 전 스마트폰에 등산로 사진이나 지도를 다운로드해 가는 것이 좋다. 네이버 지도 같은 애플리케이션을 미리 찾아보는 것도 도움이 된다.

등산로를 미리 파악해두는 것은 무척 중요하다. 가야 할 산이 초행길이라면 산의 상황이 어떻지 예측할 수 없기 때문에 언제 생길지 모를 위험에 대비하는 것이 반드시 필요하다. 이렇게 등산 전 미리 정보를 얻고 등산 계획과 일정을 짜고 검토하는 예비 등산을 '인도어 클라이밍indoor climbing'이라고 부른다. 아이와 함께 가는 것이기 때문에 좀 더 철저하게 준비하자.

햇살 좋은 오후 1시가 등산에 가장 좋은 시간

아이와 등산을 할 때는 햇살이 좋은 시간대를 선택하자. 피톤치드가 잔뜩 나와 산림욕 효과가 극대화되는 시간도 햇살이 좋은 오후 시간대. 기온이 상승하는 정오부터 오후 1시 정도에 피톤치드 방출량이 최대치에 달한다고 한다. 기온이 높아질수록 공기의 유동률이 높아져 피톤치드 방출량이 많아지는 것이다. 계절도 겨울보다는 봄부터 기온이 상승하는 여름철에 피톤치드가 많이 방출된다. 산림욕을 하려면 가을, 겨울보다는 봄, 여름 등산이 좋다는 말씀.

저마다 이름을 가진 산

산벚꽃이 피었을 무렵, 아이들과 파주 파평산 정상에 올랐을 때였다. 잘 관리된 정상 데크에서 원정대의 산 선생님이 손짓을 하며 말씀하셨다.

"저기가 지난주에 갔던 개명산이고, 저쪽이 지난번에 갔던 감악산쯤 될 거예요."

내가 보기엔 그 산이 그 산 같은데 산의 형세를 보고 단박에 알려주시니 그저 놀라웠다. 탁 트인 파평산 정상에서 보이는 낮은 산들의 이름이 궁금해졌다. 비슷하게 생긴 산인데 저마다 다른 이름을 갖고 있었다. 어떻게 그 이름을 얻었을까?

나는 등산을 하며 산마다 고유 이름을 갖고 있는 것이 신기했다. 내 눈엔 별다른 특징도 보이지 않는데 아무리 낮고 볼품없는 산조차 이름을 갖고 있었다. 산에 관심을 두자 그 이름과 함께 의미가 궁금해졌다.

산 이름을 알아가다 보니, 동네 이름을 딴 산도 많지만(동네 이름이 먼저 생겼는지 산 이름이 먼저 생겼는지는 모르겠다) 그렇지 않은 산들도 많았다. 재미있는 지역명이 많다는 건 재미있는 산 이름도 많다는 뜻이었다. 그 이름들을 하나씩 익히며 우리나라 사람들의 작명 실력에 감탄했다.

산 이름에는 많은 정보가 담겨 있다

우리나라는 산이 꽤 많다. KOSIS 국가통계포털 '자연지명 현황'에 따르면 국내의 산은 총 4,613개, 봉은 1,495개이다(2018년 기준). 어떤 높이부터 산이라고 해야 하는지에 대한 논란의 여지는 있지만, 이름을 가진 4,000개가 넘는 산이 한반도의 반쪽 안에 있다는 말이다. 우리나라는 작은 마을에도 작은 산 한두 개씩은 있으니 그만큼 많을 만하다. 더 놀라운 건, 그 많은 산들이 각자 이름을 갖고 있다는 사실이다.

이름을 지어준다는 것은 상당히 큰 의미가 있다. '아무것'에서 '그것'이 되는 것이고, 자신만의 고유명사를 갖는 것이니까. '세상에서 하나뿐'이라는 뜻이기도 하다. 이름을 아는 것은 대상을 이해하는 가장 기초적인 방법이다. 그리고 이름이 무엇을 뜻하는지를 안다는 건 그 대상에 대해 많은 것을 알게 된다는 뜻이다.

산도 이름을 알고 나면 그 전에는 미처 몰랐던 정보를 얻을 수 있다. 산의 바위가 검푸른 빛을 띠어서 감악산 감색 감(紺), 눈과 바위가 많아서 설악산이라고 대략의 의미를 짐작할 수 있는 것처럼 말이다.

> 문경의 주흘산은 우두머리에 우뚝 솟은 산이란 뜻이다. 주主는 두루에서 온 우리말로 '달'과 한가지로 '산'에 해당하고, 흘屹은 신라에서는 '벌' 백제에서는 '부리'로 표현되는 당초 의미인 벌판으로부터 나온 마을을 의미하는 것으로 고구려 계통의 언어이다. 황매산은 '흔뫼'였다. '흔'은 '크다'이며 '오직 하나'라는 뜻이다. 황매산은 합천과 산청 사람들에게 큰 산이며 둘도 필요 없다는 뜻이다《한국백명산》, 김동규, 한솔미디어, 2018).

산 이름을 짓는 원칙이 따로 있다고?

2019년 10월 월간《산》에 수록된 박정원 편집장의 한글날 특집 '우리말 산 이름 전체 10%도 안 된다'란 기사에서 보면, 산 이름을 짓는 데도 원칙이 있다고 한다.

첫째, 산 자체의 의미와 모습을 보고 명명하는 경우로 순우리말로 된 대부분의 산 이름이 여기에 해당한다. 까치산, 나래산, 사슴산, 칼산, 두리봉, 할미봉 등이 있다.

둘째, 종교(특히 불교)식 명칭으로 명명된 경우다. 비로봉이나 도솔봉처럼 불교를 널리 알리고 부처의 세상이 되게 해 달라는 의미를 담아 부르기 시작했다고 전해진다.

셋째, 풍수적으로 필요에 따라 명명된 경우다. 계룡산처럼 오래전부터 좋은 땅으로 여겨지며 문장가나 장수가 나올 형세라고 붙여진 이름이 해당한다.

넷째, 형세를 보고 명명된 산의 이름을 한자로 바꾸면서 이상한 이름이 된 경우도 있다. 평야에 산(암벽)이 우뚝 솟은 형국이라 하여 월출산이라 불렸지만 한자로 바뀌면서 달과 관련한 산으로 본질이 바뀐 것이다.

이렇듯 산에는 저마다의 이름이 있다. 산에 다니다 보면 유독 마음에 들어 자주 오르는 산이 생긴다. 이런 산은 꼭 이름을 기억해두자. 지자체 홈페이지만 들어가도 산과 지명에 대한 설명을 찾아볼 수 있다. 이렇게 알아둔 산 이름은 아이와 산에 오르면서 이야기를 해주자. 가장 재미있는 이야기는 옛날이야기가 아닐까? 아이와 좋은 대화거리가 될 것이다.

아이가 따라오게 만드는
등산 코스 짜기

원정대에 참여하기로 결정했지만, 사실 아이와 함께 매주 등산을 하는 건 쉽지 않았다. 늘 아이들에겐 산보다 재미있는 일이 더 많았기 때문이다. 그러다 보니 아이들은 등산을 다녀올 때마다 "다음 주에는 가지 않겠다"고 이야기했다. 그럼에도 우리 아이들을 포함해 원정대 다섯 명의 아이들이 모든 등산 일정에 빠지지 않고 참여할 수 있었던 건, 산에 가는 여러 이유 중 마음에 드는 이유가 하나라도 있었기 때문일 것이다.

등산 코스와 아이들이 좋아할 만한
체험 코스를 함께 넣자

원정대는 가벼운 등산과 더불어 근처에 아이들과 갈 만한 곳을 함께 넣어 일정을 짰다. 북한산둘레길을 걷고 난 후에는 은평역사한옥박물관에서 시간을 보냈고, 낙산 순성길을 내려와 국립어린이과학관에 갔으며, 인왕산을 다녀온 다음에는 통인시장에서 맛집 투어를 했다. 그냥 등산만 한 날은 없었던 것 같다.

사실 등산보다 등산로에서 내려와 즐비한 맛집을 더 즐기는 어른들도 많다. 산 근처에 맛집이 많은 이유다. 아이들 역시 등산이 조금 힘들더라도 산행 후에 즐거운 일이 기다리고 있다면 씩씩하게 완주해낼 것이다.

거의 대부분의 시간을 집이나 학원, 키즈카페 등에서 보내는 도시 아이들에게 등산은 결코 쉽게 할 수 있는 활동이 아니다. 한두 번 다니다 보면, 바로 아이들이 거부 의사를 표현한다. 엄마도 피곤해서 아이의 거부를 핑계 삼아 등산을 포기하는 경우도 종종 있다.

"이불 밖은 위험해"라는 말이 있을 정도로, 현대인들은 편한 것에 익숙하다. 아이들도 마찬가지다. 그 이불을 박차고 나올 흥미 있는 동기를 마련해주는 것이 필요하다.

등산 코스를 짤 때 아이가 좋아하는 것을 슬쩍 포함시켜 함께 활동을 해보자. 아이는 등산과 좋아하는 활동을 자연스럽게 연결하며 등산 체험이 즐거운 시간이 될 것이다.

등산 코스는 난이도를 살펴서 다양하게 짠다

보통 등산 코스는 등반 시간이 짧지만 경사가 가파르고 바위가 많아 위험한 코스와 시간이 좀 오래 걸려도 안전하고 고도 변화가 적은 코스가 같이 준비되어 있다. 처음엔 정상까지 간다는 무리한 목표보다 아이가 산에 적응할 수 있도록 가벼운 코스를 선택한다. 아이가 어느 정도 산에 익숙해졌다면 아이의 컨디션과 날씨 등을 고려해 다양한 코스를 짤 수 있다.

인터넷 검색을 조금만 해봐도 해당 코스의 실제 사진과 소요 시간 등을 많은 사람들이 공유하고 있다. 이렇게 먼저 다녀온 사람들의 정보를 참고해 등산 코스를 짜면 좋다.

등산이 익숙하지 않은 부모라면 유명하지만 등산 난이도가 낮은 산을 선택한다. 그런 다음 여러 정보를 찾아보고 결정한다. 가급적 최근에 같은 산에 다녀온 블로그 글이나 잡지, 뉴스 기사 등을 참고하면 좋다. 산은 제자리를 지키고 있는 것 같지만 시시각각 변하기 때문이다.

원정대가 오른 가장 고난도의 산은 파주 개명산이었다. 높이와 등산로를 체크하고 지도까지 준비했지만 막상 오르니 큰 난

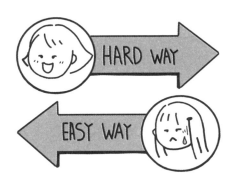

관에 부딪쳤었다. 등산로 표지들은 낡아 있었고, 군유지로 바뀌어 사람이 다니지 않아 등산로를 확인하기조차 어려웠다. 또한 산 정상에 있었던 천문대는 폐쇄되었으며 등산로의 나무 데크도 삭아서 밟으면 무너졌다.

다행히 우리는 산 선생님 덕분에 없어진 길도 찾으며 어렵지만 무사히 내려올 수 있었다. 하지만 등산 초보 부모가 별다른 정보 없이 아이들과 함께 올랐다면 중간에 되돌아 내려오거나 산에서 길을 잃을 수도 있다.

인도어 클라이밍과 실제 산행은 다르다는 점을 잊지 말자! 잘 모를수록 많은 준비를 해야 하고 난관에 부딪쳤을 때 해결할 수 있는 융통성이 필요하다.

마음의 준비운동

등산보다 힘든 게 등산하기 전 아이의 마음을 다잡는 과정이었다. 원정대 일정대로 매주 등산 때마다 나는 아이들에게 다음 산행에 대한 이야기를 해주었는데, 그때마다 아이들이 흔쾌히 가겠다고 대답을 한 적은 없었다. 몇 번 그런 일을 겪으면서 아이들을 대하는 나름의 노하우가 생겼다.

아이 스스로 등산을 선택할 수 있도록 정보 주기

등산이 소풍 가는 것처럼 즐거운 일만은 아님을 아이들도 산에 몇 번 오르다 보면 깨닫는다. 그래서 등산 전에 마음의 준비를 시키는 것이 필요하다. 나는 아이들에게 다음 등산 일정을 미리 이야기해주고 결정은 스스로 하게 만들었다.

우선 다음 등산 계획이 나오면 바로 그 산에 관련된 정보를 검색하여 어떤 산인지, 높이와 소요 시간 등을 아이들이 이해할 수 있게 정리했다. 등산 과정에서 만날 유적지나 근처에 볼 만한 곳이 있는지도 찾아보았다. 그러곤 이렇게 이야기를 했다.

"세 번째로 갔던 ○○산과 같은 흙길이고, 지난번에 갔던 ××산과 비슷한 높이야. 아마 올라가는 데 2시간 정도 걸릴 것 같아. 그런데 이번에는 어른들도 모두 안 가봤던 산이라 정확하지는 않아. 그래도 산 선생님 봄이 엄마가 계시니까 걱정은 안 돼. 산까지 버스를 타고 갈 거야. 등산 마치고 내려오면 근처에 돈가스 전문점이 있어. 거기서 밥을 먹거나 집 근처 슬라임 카페에 친구와 같이 갈까?"

사실 이렇게 말해줘도 돈가스집이나 슬라임 카페에 간 적은 거의 없다. 그래도 아이가 지난번 산행과 직접 비교하며 등산의 난이도를 가늠할 수 있게 정보를 주었다.

아이에게 등산 코스를 설명해줄 때는 엄마가 아는 선에서 잘 전달한다. 아직 오르지 않은 산에 대한 불안함이나 두려움을 없애고 도전해보겠다는 생각이 들게 만드는 것이 중요하다.

"등산 가기 싫다"고 말하면 그날은 엄마나 언니 동

생 없이 집에서 혼자 5시간 넘게 지내야 한다고 이야기해준다. 그러다 보니 아이들은 대부분 함께 가겠다고 하지만 그럼에도 당일 아침이 되면 종종 떼를 쓰기도 한다.

결국은 아이를 달래야 하지만, 이때 아이 스스로 가기로 결정했다는 사실이 매우 중요하게 작용한다. 그렇게 등산에 나선 아이는 실제 상황을 겪으며 해냄으로써 책임감도 키우게 된다.

아이와 등산에서 가장 중요한 준비물은?

아이들과 함께 등산하기 위해 가장 중요한 준비물이 무엇이냐고 묻는다면, 나는 '산에 가고자 하는 마음'이라고 말해주고 싶다. 부모가 산을 어려워하거나 흥미가 없다면 아이들은 산에 갈 기회조차 얻지 못할 수 있다. 아이들에게 산에 가고 싶은 마음을 만들어주는 것이야말로, 산에 오르기 위한 진짜 준비운동이다.

아이들은 자연을 닮아서 산과 쉽게 어우러진다. 어떤 아이든 산에 오르면, 나무 향 가득하고 푹신한 흙을 밟으며 손에 닿는 모든 것이 장난감이 되는 산을 자연스럽게 좋아하게 된다. 엄마 아빠 손을 잡고 숲속 길을 걷기만 해도 아이들은 행복해한다.

아이들이 산과 자연을 낯설어하는 이유는 한 번도 가까이서 접해볼 기회가 없었기 때문이 아닐까. 도시의 틀 안에서 그저 자극적인 게임만 접해온 아이들에게 몸을 움직이는 등산이 처음부터 즐거운 활동은 아닐 것이다.

나는 부모들에게 아이들이 편견 없이 산을 제대로 느끼고 자연을 접하도록 가까운 산에라도 꼭 가보라고 이야기해주고 싶다. 산이 멀게만, 낯설게만 느껴진다면 생활 속에서 산을 느껴보는 것도 방법이다. 아이와 함께 집 주변의 산 이름을 찾아보거나 산과 연관된 그림책을 읽어보는 것도 좋을 것이다.

산에 오르면
아이의 다른 모습이 보인다

우리는 원정대와 함께 열두 번의 등산을 했다. 일정이 끝으로 갈수록 아이들의 성향이 확실히 드러났다. 첫째는 어떤 산이든 오케이하지만 막상 산에 가면 무척 힘들어한다. 둘째는 일단 가기 싫다고 떼를 쓴다. 겨우 달래서 데려가지만, 등산을 시작하면 언제 그랬냐는 듯 산 선생님을 앞질러 가장 먼저 정상에 도착한다.

자신의 성향에 맞게 성공 경험을 만들어가는 등산

아이들은 저마다의 성향을 갖고 있다. 부모가 아이의 성향을 제대로 모르면 매 순간 서로에게 스트레스다. 부모와 아이의 갈등은 서로 다른 성향을 인정하지 않는 데서 생기기 때문이다. 그런데 아이들의 성향은 성장하며 달라진다. 부모라고 '나는 아이의 성향을 잘 알고 있다'고 자신하면 안 된다. 반항기와 사춘기를 지나면서 아이들의 성향은 매번 급변한다. 나는 다행히 아이들의 변화 시기에 옆에서 살피며 각자의 성향을 파악하고 산에 올랐다.

산에 오를 때는 아이의 성향에 맞춰 의욕을 북돋아주어야 하는데, 아이들을 조금 더 자세히 파악할 수 있었기에 그나마 수월하게 원정대에 참여할 수 있었다.

첫째 이은이는 늘 등산 활동을 좋아했다. 하지만 막상 산에 오를 때는 힘들어했기 때문에 매번 "너는 할 수 있다"고 격려해줬다. 아낌없는 응원 덕에 아이는 열심히 정상에 올랐고 그 성취감은 오래갔다.

둘째 이우는 집을 나서기까지가 문제였다. 안 가겠다는 아이를 끌어내기 위해 등산 후의 '즐거운 보상'으로 아이의 의욕을 북돋아주었다. 이렇듯 처음엔 발동이 늦게 걸리지만, 막상 스틱을 들고 길을 나서면 우리 중 정상에 늘 제일 먼저 발을 디뎠다.

원정대에 함께한 아이들은 모두 다른 성향을 갖고 있었다. 타고난 체력이 좋아 산행마다 앞서서 성큼성큼 걷는 아이도 있었고 체력이 약해 부모와 함께 천천히, 하지만 마지막까지 오르는 아이도 있었다. 아침잠이 많아 매주 힘겨워한 아이도 있었고, 경험이 많아 어떤 어려움에도 흔들리지 않는 아이도 있었다. 코스는 같아도 산행의 방식은 아이마다 달랐다.

등산을 할 때는 각자의 성향에 맞춰 속도와 상관없이 안전하게 완등을 목표로 해야 한다. 누구나 자신에 맞는 성공 경험을 갖게 만드는 것이다. 내가 아이들과 등산을 하면서 맛본 가장 큰 성취는 아이들 모두 소외감 없이 자신만의 성공 경험을 만들어 간 것이었다.

서로 배려하며 함께 오르는 등산

원정대는 산행 동안 아무도 늦게 오르는 아이에게 빨리 가라고 다그치지 않았다. 뒤처진 사람은 선두 그룹에서 기다려주었고, 지친 사람이 생기면 다 같이 모여 조금 쉬었다 걸었다.

등산 횟수가 늘어나며 원정대는 선두 그룹과 후미 그룹으로 자연스럽게 나뉘었다. 함께 간 부모 역시 각자의 스타일에 맞춰 먼저 간 아이들을 챙기는 사람과 제일 마지막으로 오르는 아이를 챙기는 부모로 나뉘었다. 같은 원정대의 일원이기에 모든 아이를 챙기며 함께 걸었다.

여러 가족이 함께 오르는 원정대 등산을 통해 우리는 '서로를 배려하며 함께 해낸다'는 의미를 직접 체험하며 배웠다. 사회 구성원으로 살아가야 하는 아이들에게 '배려'는 꼭 배워야 할 중요한 덕목이다. 특히 요즘엔 외동아이들이 많아서 남에 대한 배려를 배우기가 쉽지 않다.

배려는 무턱대고 남에게 맞추는 것이 아니다. '나'의 자존감도 잘 세워져 있어야 하고, '상대방'에 대한 존중도 할 수 있어야 한다. 아무리 좋은 행동이라고 해도 '내가 옳다'고만 하는 행동은 동정이지 배려가 아니다. 상대방에게 필요한 것이 무엇인지, 눈높이를 맞추고 그의 성향에 맞춰 하는 행동이 배려이다.

요즘은 이런 '배려'를 많이 찾아보기 힘들다. 부모 중에는 자신의 권리만을 주장하는 사람들 사이에서 '배려'하는 아이가 자칫 뒤처지지는 않을까 고민이 생길 수도 있다. 하지만 아이가 세상을 좀 더 올바르게 살아가는 것이 모든 부모의 바람일 것이다. 그런 의미에서 여러 가족이 함께 오르는 원정대 등산은 아이들에게 자연스럽게 '배려의 태도'를 배우게 해주었다.

등산을 통해 아이를 지켜보는 여유를 배우다

아이들은 등산을 통해 평소 생활과는 다른 극한 상황과 마주치게 된다. 그러다 보니 매일 집에서 보여주던 모습과는 사뭇 다른 모습을 보여주기도 한다. 힘든 상황에 맞닥뜨리면 아이는 울거나 소리를 지르며 산을 내려가겠다고 할 수도 있다. 이때는 아이를 꾸짖지 말고 잠시 지켜본다. 돌발행동을 한다고 아이가 부족하거나 잘못된 것이 아님을 잊지 말자. 조금 지켜본 후 아이의 상태가 가라앉으면 다독여주자. 힘든 순간은 바로 지나간다.

산에서 아이에게 속도를 맞추고 눈높이를 낮춰 대화하다 보
면 조급하고 불안하던 부모의 마음에도 비움이라는 여유가 찾
아온다. 산에서 함께하는 시간이 길어질수록 아이와 부모 모두
서로에 대해 긍정적 방향으로 변모될 것이다.

산에 갈 때는 아이의 연령과 상관없이 기본적으로 챙겨야 하는 물품들이 있다.

등산을 할 때 가장 신경 써야 하는 것이 체온조절이다. 이를 위해 여벌 옷, 장갑이나 멀티스카프 등이 필요하다. 이 외에도 사고를 대비한 구급약, 앉아서 쉬는 데 필요한 휴대용 방석, 등산을 좀 더 수월하게 도와줄 등산 스틱, 모자와 선크림, 선글라스, 개인용 물통과 컵, 휴지와 물티슈, 비상 간식, 충분히 충전된 휴대폰과 등산로가 정리된 앱이나 지도 등을 필수로 준비해야 한다. 발에 땀이 많다면 여벌 양말도 챙기고, 쓰레기 담을 봉투와 만약의 위험에 대비한 랜턴이나 멀티 끈, 등산용 칼도 있으면 도움이 된다.

산을 오르다 보면 의외로 소소하게 필요한 물품들이 많고 배낭에서 수시로 넣었다 꺼냈다 해야 한다. 이런 기본 짐에 아이들 몫의 짐도 추가된다. 가볍게 떠난다고 해도 하나둘 넣다 보면 등산 배낭이 점점 무거워진다. 초등학생 정도 된 아이라면 기본 물품을 담은 가방을 직접 메고 올라가게 하는 것이 좋다.

나 역시 시행착오를 겪은 후에 깨달은 노하우다. 첫 등산 때는 아이들의 짐까지 내가 들었다. 추운 겨울이라 두툼하게 입힌 외투는 산을 오르며 땀이 나자 벗길 수밖에 없었다. 이 외투를 들고, 셋이 먹을 물과 간식까지 들어 있는 무거운 배낭을 메고 오르려니 너무 힘들었다.

그에 비해 산 선생님은 아이에게 자신의 물과 간식, 산행 중 더워서 벗은 외투와 방석도 직접 들고 가게 했다. 그 모습을 보고 바로 다음 산행부터 아이용 배낭을 준비 해주었다. 어깨가 가벼워지니 나도 등 산이 더 수월해지고 즐거워졌다.

'산에 오르는 것만도 힘든데, 무거운 건 엄마 아빠가 들어줘 야지'라고 생각하는 부모들이 많다. 물과 간식 정도의 짐은 아이 스스로 갖고 산에 오르게 해야 한다. 자신의 짐을 스스로 지고 오르며 아이는 책임감과 성취감을 동시에 배울 수 있다. 이런 작은 과정을 통해 '내일은 내가 한다! 내 스스로 책임진다'라는 능동적인 삶의 태도를 익혀나가게 된다.

물론 아직 뼈와 근육이 충분히 성장하지 않은 아이에게 너무 무거운 짐은 조심해야 한다. 성장판에 무리가 되지 않게 배낭에 간식이나 가벼운 옷가지 정도를 넣어주자.

야무지게 등산 배낭 싸는 노하우

같은 짐이라도 싸는 사람에 따라 배낭의 크기가 달라진다. 야무지게 등산 배낭을 싸려면 나름의 노하우가 필요하다. 배낭을 싸는 기본은 의외로 간단하다.

가볍지만 자주 사용하지 않는 짐은 배낭 제일 아래쪽이나 앞쪽에 넣고, 무거운 짐은 그 위에 올리거나 자신의 등 쪽에 넣는다. 그래야 무게가 분산되며 어깨에 무리가 덜 간다.

지도와 휴지, 간식과 물 등 자주 사용하는 물건들은 쉽게 꺼낼 수 있게 배낭의 가장 윗주머니나 바깥 주머니에 넣는다. 작은 물건들은 종류별로 파우치에 담아 배낭에 넣어야 급할 때 찾는 수고를 덜 수 있다. 배낭 밖에 물건을 주렁주렁 달면 움직일 때마다 흔들거려 체력이 분산되고 자칫 나뭇가지에 걸려 넘어질 수 있다. 가능하면 배낭 안에 모든 짐을 넣는다.

또한 등산 짐은 쓰레기가 나오지 않게 싸야 한다. 산에 몇 번이라도 다녀본 사람은 일회용 생수통과 일회용 도시락을 들고 산에 오르지 않는다. 산에는 대부분 쓰레기통이 없다. 그러므로 산에서 생긴 쓰레기는 집까지 가져와야 한다. 이게 그대로 짐이 된다. 쓰레기를 고스란히 집에 들고 오기 싫다면 추후 처리까지 생각해서 짐을 싸는 것이 좋다. 배낭 위쪽에 빈 공간을 두고 쓰레기를 하나의 봉투에 모아 짐을 줄이는 것도 방법이다. 이렇듯 짐을 보면 그 사람의 등산 연륜을 알 수 있다.

TIP

미리 챙겨두면 좋은 구급약품

- 벌레 퇴치제
- 반창고
- 소독약
- 소화제
- 항히스타민제(벌레 물린 데 바르는 약)
- 붕대
- 진통제

체온조절의 열쇠,
물

등산 중에 물을 많이 마시면 몸이 무거워지고 갈증도 더 난다는 속설이 있는데, 이는 잘못된 정보다. 등산하면서 물은 각자 필요한 만큼 자주 마시는 것이 좋다. 평소 물을 잘 안 마시는 사람은 등산을 하며 탈수증상이 더 쉽게 올 수 있다. 게다가 물을 마신 후에도 계속 움직이기 때문에 탈수증상이 완화되기까지 시간이 더 걸린다.

등산할 때는 목이 마르지 않아도
물을 자주 마신다

등산을 하며 입이 마르거나 갈증이 나면 입안이 적셔질 정도의 물을 수시로 마신다. 마신 후 바로 삼키지 말고 입안에 머금고 있다가 조금씩 삼키자. 이렇게 하면 물을 벌컥벌컥 마시지 않아도 갈증이 해소된다.

아이들은 갈증이 어떤 느낌인지 모르기 때문에 산을 오르는 중간중간 물을 한 모금씩 마시라고 알려줘야 한다. 어른들보다 탈수증상이 더 쉽게 올 수 있다.

산에 오르기 전부터 수분을 충분히 보충해주는 것도 필요하다. 아이들의 가장 무거운 짐인 물을 충분히 마시게 하고 화장실도 다녀온 후에 산에 오르는 것이 좋다.

체내에 수분이 부족하면 산에서 체온이 급격하게 오르고 빨리 지친다. 심한 경우 방향감각을 잃거나 두통이 생길 수도 있다. 탈수증상이 심해지면 물을 마시고 싶은 생각마저 사라지기 때문에 위험하다. 물통을 꺼내기 쉬운 곳에 두고 언제든 물을 마실 수 있어야 한다.

물 대신 전해질 음료를 자주 마시는 것도 좋다. 전해질 음료는 여름철처럼 땀이 많이 날 때나 산에서 다리에 쥐가 났을 때 도움이 된다. 쥐가 나는 이유는 땀으로 몸 안의 전해질이 갑자기 빠져나가면서 근육에 경련이 생기기 때문이다. 다리에 쥐가 난 경험이 있다면 물 대신 전해질 음료를 준비하는 것이 좋다.

갈증이 난다며 약수터나 등산로 근처의 계곡물을 마시기도 하는데, 수질을 확인할 수 없으니 각별히 조심해야 한다. 특히 아이들은 정수되지 않은 물을 마시고 배앓이를 할 수도 있으므로 가급적 준비해간 물만 마시도록 한다.

물은 일회용 생수병보다 개인 물병에 담아가는 것이 좋다. 일회용 생수병은 입을 대고 마시면 세균이 쉽게 번지는 데다 햇빛을 받으며 장시간 산행을 하다 보면 물속에 세균이 번식할 수 있어 위생상 좋지 않다. 시원한 물을 마시겠다고 일회용 생수를 통째로 얼려서 가져가는 경우도 있는데 이 또한 좋은 방법이 아니다. 막상 갈증이 날 때 얼음이 덜 녹아 물을 마시기 어려운 경우도 생기기 때문이다.

대신 보온병에 얼음과 함께 물을 담아가는 것을 추천한다. 보온병 두 개에 시원한 물과 뜨거운 물을 담아 시원한 물은 그냥 마시고 뜨거운 물은 커피나 컵라면에 사용하면 좋다.

산에서는 물이 귀하고 화장실이 없는 산도 있어 물을 너무 적게 마셔도, 많이 마셔도 문제가 된다. 가져간 물을 다 마셔서 일행에게 물을 얻어먹거나 화장실 때문에 고생했던 일도 있었다.

산에서 먹으면 꿀맛, 등산 간식 준비 원칙

집에서 먹는 오이는 평범한 오이맛이지만 산 정상에서 먹는 오이는 꿀맛이다. 같은 먹을거리도 산에 올라서 먹으면 뭐든 꿀맛이다. 아이들과 산에 오르려면 간식도 신경을 써야 한다. 평소에 아이가 좋아하는 것을 준비했다가 정상이 가까워졌을 때 슬쩍 꺼내 주면 지쳤던 아이도 정상까지 갈 힘을 얻을 수 있다.

등산은 에너지가 많이 소모되는 운동이다. 너무 지치기 전에 수분과 함께 에너지를 채워줘야 한다. 먹지 않고 등산을 하면 몸에 무리가 온다. 우리 몸은 근육 속 아미노산으로 에너지를 사용하는데, 이때 아무것도 안 먹고 산에 오른다면 산행을 하며 생긴 근육도 상처를 입는다. 또한 뇌도 기능을 제대로 하지 못할 수 있다. 등산 중에 뇌 기능이 저하되면 사고력과 판단력, 집중력이 떨어져 사고로 연결되기 쉽다.

간식은 등산을 시작하고 1시간 정도 지났을 때 먹는 것이 좋다. 산에서 먹는 간식이므로 먹기 편하게 시간대별로 먹을 것을 따로 포장하면 좋다.

여럿이 모여 간식을 나눠 먹을 수도 있지만, 각자 필요한 에너지가 다르므로 자신이 준비해온 간식을 필요한 순간에 적절히 먹는 것이 바람직하다.

아이들은 탈수도 빨리 오고 에너지도 쉽게 방전되므로 자주 먹을 수 있게 해준다. 아이들과 갈 때 챙기면 좋은 간식을 소개한다.

✦ 초코바, 에너지바 등 효과 빠른 탄수화물

체온조절을 위한 수분과 더불어 에너지 보충을 위한 탄수화물은 필수다. 몸이 지치면 소화 기능이 떨어지는데 탄수화물은 부피에 비해 고열량인 데다 바로 에너지로 바뀐다. 초코바, 비스킷, 에너지바, 단밤, 젤리류 등 낱개 포장된 것으로 챙겨간다. 아이가 평소에 좋아하지만 자주 사주지 않는 것으로 가져가면 대환영이다.

✦ 쓰레기가 나오지 않는 과일과 채소

산에서 달콤한 것만 먹다 보면 입이 텁텁해진다. 이때 과일과 채소만큼 좋은 간식이 없다. 다만 쓰레기가 나오거나 포크가 필요하고 물이 생기는 과일은 피하는 것이 좋다. 과일과 채소를 간식

으로 가져가려면 쓰레기가 될 부분을 제거하고 도구 없이 간편
하게 먹을 수 있게 준비한다. 꼭지 딴 방울토마토와 손질한 오
이가 가장 간편하다. 산 정상에서 먹는 오이는 시원하고 맛있어
평소 채소를 좋아하지 않는 아이들도 잘 먹는다.

과일이나 채소는 음식물이라 산에 버려도 된다고 생각하는
사람들이 의외로 많다. 산에서 가장 많이 본 쓰레기는 다름 아
닌 귤껍질이었다. 귤은 껍질에 잔류 농약이 있어 아무리 씻었다
고 해도 야생동물들에게 피해를 줄 수 있
다. 산에는 껍질을 까서 가져가거나, 그
러지 못했다면 꼭 다시 껍질을 챙겨와서
버려야 한다.

✦ 빵, 떡 등 식사 대용품

등산을 아무리 일찍 시작해도 보통은 산 중간에서 점심을 먹게
된다. 특히 아이들과 함께 갈 때는 더 자주 쉬고 천천히 오르기
때문에 산 정상에 오른 후 꼭 배를 채우고 내려왔다. 산에서 먹
는 식사로는 취사하지 않고 간편하게 먹기 좋은 빵, 떡, 김밥, 소
시지, 치즈 등이 있다. 다만 겨울철에는 체하지 않게 하고 여름
철에는 식중독에 주의한다.

✦ 견과류와 건과일

요즘은 한 봉에 다양한 견과를 담은 제품들이 많이 나와 있다.

등산할 때 견과류와 건과일을 챙겨가면 요긴하다. 빵이나 김밥처럼 잘 상하지 않으면서도 무게도 가벼워 등산에 딱 좋은 간식이다. 씹는 재미뿐만 아니라 간편하게 영양과 열량을 챙길 수 있다.

산에서 좋은 사람들과 나눠 먹는 맛있는 음식을 등산의 즐거움으로 꼽는 사람이 적지 않다. 그만큼 등산 중간에 먹는 간식은 등산이 주는 묘미다. 땀을 흠뻑 흘리고 난 뒤 탁 트인 산 정상에서 풍경을 바라보며 먹는 음식은 종류를 막론하고 맛있을 수밖에 없다. 산에서 탈진한 사람들의 배낭에는 간식이 넘치게 담겨 있다는 이야기가 있을 정도로 제때 먹는 간식은 중요하다. 등산 틈틈이 챙겨 먹는 간식은 아이들이 끝까지 안전하게 하산할 수 있게 도와주는 필수품임을 잊지 말자.

안전 등산의 기본은 장비 준비부터!

요즘은 등산 관련 브랜드도 많아지고 등산 장비의 종류도 다양해졌다. 그러다 보니 등산을 시작하기도 전에 장비 구입에 대한 부담이 생기기도 한다.

등산 장비는 상황에 맞게 잘 구입해 활용하면 도움이 된다. 아이와 함께하는 등산에서는 고가의 전문 등산용품이 필요할 정도의 어려운 산에는 갈 수 없다. 전문용어 가득한 등산용품점에서 헤매지 말고 우리 가족에게 필요한 용품만 현명하게 구입해보자.

✦ 등산화

등산의 기본은 걷기이다. 에베레스트 등반도 결국 걷기가 전부다. 걷기에서 가장 중요한 장비는 신발이고, 산에 갈 때는 자신에게 잘 맞는 등산화가 꼭 필요하다. 데크로 이어진 둘레길은 일반 운동화만 신어도 충분하지만, 흙과 돌이 많은 산에서는 등산화를 신어야 편안하고 안전하게 등산을 할 수 있다. 또한 발이 편안해야 등산 시간이 길어져도 잘 걸을 수 있고 바위와 낙엽에 미끄러지지 않아 다치지 않는다.

등산화의 종류는 다양하다. 가벼운 등산이나 도보여행을 위한 트레킹화, 일반 등산을 할 때 많이 신으며 발목을 살짝 보호하는 중간 목 길이의 로우컷 경등산화, 미끄럼에 강하고 발목을 충분히 감싸주어 보온 효과도 있는 미드컷 등산화, 장시간 산행이나 겨울철에 신는 두꺼운 창으로 제작된 중등산화, 악천후에 적합한 고어텍스 등산화, 여름철 계곡 트레킹에 신을 수 있는 계곡화 등이 있다.

등산화는 코스, 계절, 기간 등을 고려해 앞으로 자주 가게 될 등산로의 상태를 가늠해 선택하는 것이 좋다. 두꺼운 등산 양말을 신고 오랜 시간 걸어야 하므로 너무 꽉 조이거나 헐렁하면 안 된다. 신고 걸을 때 발가락과 발등이 불편하지 않고 뒤꿈치가 신발 안에서 들리지 않는지 직접 신어보고 선택한다.

의외로 등산화 끈을 제대로 묶지 못해 종종 사고가 생긴다. 풀어진 등산화 끈을 반대쪽 발로 밟아 중심을 잃고 넘어지거나 늘어진 끈이 반대편 등산화 고리에 걸려 넘어지기도 한다. 그러므로 끈을 묶은 후에는 등산화 끈이 늘어지지 않도록 잘 정리해 주는 것이 필수다.

또한 발등은 조이되 발목 부분은 조금 여유 있게 묶어준다. 그래야 발목을 편하게 움직일 수 있다. 등산 후에 발가락 통증으로 고생하는 경우가 있는데, 산을 내려오며 미끄러지지 않게 발가락에 힘을 주기 때문이다. 산을 오를 때는 끈을 조금 느슨하게 묶고 내려올 때는 좀 더 조여주어 발끝이 앞으로 밀리지 않게 해준다. 산 정상에서 하산할 때 많은 사람들이 신발 끈을 조이는 모습을 봤을 것이다.

등산 후에는 마른 수건으로 신발의 습기와 먼지를 털어준 후 안쪽에 신문지를 넣어 그늘에서 잘 말려준다. 다 말린 후에 신발용 발수제를 도포해두면 다음 산행 때 쾌적하게 신을 수 있다.

해가 바뀔 때마다 신발 치수가 늘어나는 성장기 아이들은 선뜻 등산화를 사기가 부담스럽다. 처음에는 자주 신는 운동화를 신고 다녀도 된다. 그러다 점차 난도가 있는 바위산을 오르거나 얼음이 어는 겨울 등산을 하게 될 때 아이 발에 맞는 등산화를 준비해주면 된다.

✦ 등산 배낭

등산용 배낭은 짐을 넣는 용도이지만 넘어지거나 부딪쳤을 때 몸을 보호해주는 역할도 한다. 등산 배낭은 짐의 무게를 적절하게 분산시켜 체력 소모를 줄이는 데 중점을 두고 만들어졌다. 산에 갈 때 자신에게 맞는 등산 배낭을 메야 하는 이유다.

배낭을 선택할 때는 등판, 어깨끈, 허리 벨트를 잘 살펴봐야 한다. 배낭을 멨을 때 등판이 등에 잘 밀착되고 내부에 프레임이 설치되어 쉽게 넘어지지 않는 것이 좋다. 어깨끈은 조절이 쉽고 두툼한 패딩 처리로 어깨에 무리가 덜 가는 것이 좋고, 허리 벨트 역시 넓은 패딩으로 만들어져 배낭을 풀지 않아도 가벼운 소지품을 바로 꺼낼 수 있는 주머니가 있는 것으로 선택하면 좋다. 특히 아이들과 함께 갈 때는 혼자 갈 때보다 짐이 많아지므로 어깨끈과 허리 벨트가 반드시 있는 배낭을 선택한다.

산을 오르다 보면 들쳐 멘 짐이 부담스러울 때가 있다. 그때는 배낭의 허리끈, 어깨끈, 가슴끈을 잘 조절하면 한결 편해진다. 허리끈은 골반뼈까지 감싸게 채우고, 어깨끈을 잡아당겨 배낭 몸체가 엉덩이 살짝 위에 걸쳐질 정도로 조절한다. 또 배낭을 몸과 어깨에 밀착시킨다.

처음 배낭을 구입할 때는 매장 직원에게 꼼꼼히 물어보면서 각 끈의 기능을 알아두자. 막상 집에 가져와서 어떻게 사용하는지 몰라서 당황하는 경우가 많기 때문이다.

아이들 배낭도 비슷한 기준으로 선택한다. 단, 배낭은 기능이 많을수록 무거워지므로 아이에게 무리가 가지 않는 무게를 우선적으로 고려해 선택한다. 배낭이 무거우면 하산할 때 무릎에 전달되는 충격이 커진다는 점도 잊지 말자.

✦ 등산복

등산복은 피부에 닿는 부분이 부드럽고 땀을 빨리 흡수·배출하며 보온 기능과 급격한 외부 환경의 변화를 차단해줄 수 있어야 한다. 면보다는 기능성 소재의 제품을 계절별로 준비하면 좋다. 또한 나뭇가지에 스치거나 벌레에 물리는 것을 방지하기 위해 가급적 긴팔을 입는다. 특히 바지는 신축성이 좋아 입었을 때 허리가 편하고 무릎을 굽혔을 때 압박이 오지 않는 것으로 선택한다.

산은 늘 도시보다 서늘하고 저녁이 되면 기온이 뚝 떨어진다. 그래서 사계절 내내 겉옷을 꼭 챙겨야 한다. 겉옷은 비, 바람, 눈 등을 차단할 수 있도록 방수, 방풍, 투습 기능이 있는 것으로 선택한다.

가벼운 산행의 경우 비슷한 성능을 가진 기능성 의류도 괜찮다. 계절에 맞춰 적절하게 체온을 유지할 수 있는 소재의 옷으로 입으면 된다.

✦ 등산 모자

머리는 체온조절의 필수 부위로 열을 가장 많이 배출한다. 여름에는 햇빛을 차단해주기 위해, 겨울에는 체온 유지를 위해 적절

등산 모자
멀티스카프
등산복
등산 배낭
등산 장갑
등산 스틱
등산화
등산 양말

한 모자를 골라서 써야 한다. 땀이 날 때는 모자를 벗어 머리의 열을 식혀주고, 추위를 느끼면 모자를 써 머리를 따뜻하게 보온해 체온 손실을 막아준다. 평소 모자를 안 쓰는 아이라도 산에 갈 때는 모자를 쓰게 해준다. 특히 겨울에는 보온 기능을 갖춘 모자를 꼭 챙기자.

✦ 등산 양말
발은 생각보다 예민해서 조금만 다쳐도 걷기가 불편해진다. 등산 양말은 발목을 조이는 부분이 편안한지, 촉감은 괜찮은지, 땀을 빨리 흡수할 수 있는지, 쿠션은 있는지 등을 체크해 고른다. 아무리 좋은 등산화도 양말이 제 기능을 못 하면 무용지물이다. 아동용 등산 양말도 다양하게 나와 있으니 발에 잘 맞는 것으로 골라주자.

✦ 등산 장갑

평소에 장갑을 잘 안 끼는 사람이라도 등산 때는 꼭 끼는 것이 좋다. 심장과 가장 먼 말초신경이 모여 있는 손은 갑작스러운 위험에 가장 빨리 노출된다. 한여름이라도 소나기로 인해 갑자기 기온이 떨어질 수 있으니 늘 등산 장갑을 챙기자.

또한 아이들은 산을 오르며 이것저것 손으로 만져보는데, 이때 장갑을 안 끼면 위험할 수 있다. 계절에 따라 보온성과 착용감 등을 고려해 선택한다. 장갑이 손보다 크면 움직이기 불편하기 때문에 반드시 아이에게 맞는 사이즈여야 한다.

✦ 멀티스카프

원통형 모양에 손수건 정도 크기인 멀티스카프는 다양하게 활용할 수 있다. 신축성이 좋아 머플러, 두건, 캡, 손목밴드, 헤어밴드, 발목밴드, 머리끈, 안면 마스크 등 폭넓게 사용할 수 있다. 피부에 직접 닿는 제품이니 인체에 무해하며 부드럽고 가벼운 기능성 제품을 선택한다.

✦ 등산 스틱

등산 스틱은 2개의 스틱을 양손에 하나씩 드는 것이 좋다. 산에 오를 때 무릎의 피로감을 덜어주고 어려운 길에서 몸의 중심을 잡아준다. 내리막길에서는 브레이크처럼 속도를 제어하고 무게를 분산해 무릎의 충격을 덜어준다.

아이들에게는 나뭇가지를 대신하는 지팡이로, 친구를 끌어주는 막대기로, 공터에서 그림 그리는 연필로 활용되기도 한다. 등산 스틱은 산행에 도움을 주는 든든한 지원군이다.

✦ 스패츠와 아이젠

겨울 산행 때 안전을 대비하여 챙기면 좋은 장비이다. 스패츠는 바지 위에 덧입어 신발과 옷 사이로 들어오는 냉기를 막아 보온을 유지해준다. 등산화와 스패츠를 고정시키는 밴드를 연결하고 흘러내리지 않도록 조여주면 된다. 아이젠은 눈이나 얼음길에 등산화가 미끄러지지 않도록 해준다. 등산화 바닥에 아이젠의 평평한 면을 대고 고정시켜 사용한다. 겨울산에서는 언제 얼음길을 만날지 모르니 4월까지는 챙기는 것이 좋다.

설레는 등산은
아이 스스로의 결정에서 시작된다

원정대에 합류하여 힘들어도 끝까지 참석한 것은 나보다는 아이들을 위해서였다. 하지만 매주 아이들을 데리고 가며 이 산행이 정말 아이들을 위한 것이 맞는지 고민이 되었다. 아이들은 나만큼 등산을 좋아하지 않는 것 같았기 때문이다.

등산로 입구부터 기분이 좋아졌던 나와 달리 아이들은 이번 산행은 시간이 얼마나 걸리는지, 어떤 맛있는 간식이 있을지를 더 궁금해했다. 마치 내가 어렸을 때 자연을 보며 감동하는 어른들의 마음을 이해하지 못했듯 우리 아이들도 비슷했다. 따라서 조급해하지 말고 아이들에게도 그런 날이 올 때까지 기다려줘야 한다.

아이들이 자라면서 자기 주관이 생기고 취향이 드러나기 시작하자 주말 일정을 정할 때 아이들에게 결정권을 주었다. 두 아이의 성격이 정반대이다 보니 둘이 다투기도 하고 양보하기도 하면서 주말의 일정을 정하곤 했다. 이렇게 정한 일정은 모두 지키도록 했다.

이처럼 자신들이 직접 주말 일정을 짜던 아이들이다 보니, 매주 정해진 일정대로 따라야 하는 원정대의 등산을 처음에는 조금 힘들어했다.

그래서 나는 아이들에게 등산 참여 여부를 스스로 결정하게 했다. 이것은 어떤 산을 갈지, 등산 후에 어떤 일정을 보낼지를 결정하는 것보다 더 중요한 과정이었다. 스스로 참가를 결정해야 등산의 고됨도 견딜 수 있기 때문이다.

물론 아이들이 산에 가도록 결심하게 만드는 건 엄마 몫이지만 억지로가 아닌, 가슴 설레는 등산이 되기 위해서는 아이 스스로의 결정이 중요하다. "산에 갈까, 가지 말까?"라는 엄마의 질문에 스스로 결정 내린 아이들은 힘들어도 한 발씩 디뎌가며 여러 산을 다녀왔다.

어른이 되어 바라보는 자연과 아이 눈으로 바라보는 자연은 분명 다르겠지만, 아이가 스스로 선택하여 찾은 산이기에 특별한 의미로 남을 것이다.

등산 전날 챙기는 아이 컨디션

드디어 D-1일. 등산 가기 전날에는 그동안 아이와 함께 준비했던 것들을 꼼꼼히 체크한다. 아이와 함께 처음 등산을 하는 것은 부모에게도 큰 도전이다. 이렇게 정성스럽게 준비한 첫 등산의 일정을 무사히 마치기 위해 전날 꼭 챙겨야 하는 것이 아이 컨디션이다.

등산 전날에는 아이를 충분히 쉬게 할 것

요즘 아이들은 너무 바쁘다. 아이들마다 매일 정해진 일정이 있다. 등산 계획을 짤 때는 그나마 가장 한가한 요일을 고른다. 등산 전날에는 아이에게 피곤이 쌓이지 않도록 주의해야 한다. 즉 등산 전날에는 무리한 일정을 잡아서는 안 된다. 공부든 운동이든 너무 많은 에너지를 사용하면 다음 날 아침 일찍 일어나기 힘들다.

등산 전날이 시험 기간이었거나 학원 보강 등 예상 밖의 일정을 소화했다면 저녁 식사 후에 충분히 쉬고 자도록 해줘야 한다. 일찍 씻고 편안한 자세로 느긋한 시간을 보내게 해주자. 휴대폰을 보며 같은 자세로 오래 있다면 그건 제대로 휴식하는 것이 아니다. 게임을 하더라도 30분 정도만 허락하고 눈과 근육을 쉬게 한다.

우리 원정대는 주로 목요일에 등산을 갔는데, 참가하는 다섯 아이들의 학원과 기타 일정이 겹치지 않아 하루를 여유 있게 쓸 수 있었다. 보통 등산 전날에는 아이들이 학원에서 돌아오면 바로 씻게 하고 저녁 식사를 마친 후에 TV를 보거나 책을 읽다가 9~10시에 자게 했다.

상쾌한 아침을 위한 리츄얼

씻고 짐 챙기고, 아침 식사까지 마친 후에 모임 장소로 이동하려면 적어도 모임 2시간 전에는 일어나 준비를 해야 했다. 아이의 아침 컨디션은 부모가 가장 잘 안다. 아이 스스로 일어난 것과 깨워서 일어나는 것은 확실히 차이가 난다. 아이 스스로 일어나 준비하게 만드는 것이 산에 오를 때 보호자가 힘들지 않는 길이다.

아침에 아이가 스스로 일어나게 하려면 평소보다 일찍 재우

거나 숙면을 위해 따스
한 우유 한잔을 먹이
고 좋아하는 침구나
잠옷을 준비해주는
것도 좋다.

이렇게 아이가 좋은 컨디션으로 출
발했어도 막상 등산을 가면 달라질 수도 있다. 등산은 에너지를
많이 소모하는 활동이다. 얼마 안 되어 보이는 거리라도 울퉁불
퉁 오르락내리락하는 산길을 계속 걸어야 해서 일반 평지를 걷
는 것과는 전혀 다르다. 평소에 많이 걷지 않는 아이라면 산을
오르면서 무척 힘들 수 있다. 그렇기 때문에 부모가 생각한 대
로 아이가 따라주지 못하더라도 다그치며 무리하게 일정을 소
화하면 안 된다.

등산은 계획처럼 진행되는 일이 거의 없다. 아무리 철저한
계획을 세우고 준비를 해도 날씨부터 여러 가지 예기치 못한 상
황이 매번 발생한다. 그런 변수를 만났을 때 위험에 빠지지 않
기 위해 준비하고 계획하는 것임을 잊지 말자.

출발 전날 체크리스트

조금 더 수월하고 안전하게 첫 등산을 다녀오고 싶다면, 체크리스트를 꼼꼼히 확인하자. 등산 배낭에 넣을 준비물을 배낭 싸는 법에 맞춰 하나씩 차근히 싼다. 그리고 다음 날 아침에 다시 한번 준비물을 체크해야 한다. 갑자기 날씨가 바뀌거나 아이의 상태에 따라 준비 사항이 달라질 수 있기 때문이다.

등산을 몇 번 다니다 보면 자신만의 준비물 목록이 생길 것이다. 준비물 목록에 있지만 굳이 필요하지 않은 것도 있고, 목록에는 없지만 자신에게는 꼭 필요한 것도 있다. 다만 아무리 가까운 산행이라도 아래의 준비물은 챙겨가는 것이 좋다. 만약의 위험에 대비할 수 있으니 참고하길 바란다.

출발 전날 체크리스트	확인
코스와 시간, 일정 다시 한번 확인	
지도 준비 및 지도 애플리케이션 작동 여부 확인	
필요한 장비 체크와 준비물 확인	
식사와 간식, 물 준비 확인	
가족이나 가까운 사람에게 행선지와 시간 통보	
날씨 확인	
아이들과 본인 컨디션 확인	

준비물 체크리스트

품목	물품	확인	품목	물품	확인
신발	등산화			선글라스	
배낭	배낭		기타 장비	선크림	
	배낭커버 (날씨에 따라)			우산/우비	
	물통가방			방석	
의류	재킷			구급약품	
	바지			아이젠/스패츠	
	티셔츠		기타	간식류	
	여벌 옷			물, 물통, 보온병	
	양말			휴지, 물티슈	
	멀티스카프			손소독제	
	모자			쓰레기봉투	
	장갑			등산 칼	
	손수건			컵 (개인 컵, 종이컵)	
등산 장비	스틱			약간의 현금	
	지도				
	보조배터리				

등산로 입구에 서서
아이가 먼저 올라가는 모습을 바라본다.
스스로 디딘 발로 차근차근 올라갈 아이의 모습을 상상한다.
아이는 산을 오르며 힘이 들고 포기하고 싶은 순간이 올지도 모른다.
하지만 지금 디딘 한 걸음이 없다면
정상의 아름다움은 만날 수 없다.

PART 2

가볍게 내딛는
첫발

등산 당일 아침,
엄마의 기술

꼼꼼히 준비한 등산 계획은 등산 당일 아침 벽에 부딪친다. 아이와 처음 산에 간다는 생각에 기대 반 걱정 반 두근거리는 엄마의 마음과 달리 아이는 아침부터 안 가겠다고 생떼를 부릴 수도 있다. 그런 아이를 달래느라 고생하지 않으려면 등산 당일 아침, 엄마의 기술이 필요하다. 게다가 나는 성격이 전혀 다른 두 아이를 데리고 가다 보니 아침에 아이들을 다독여 활기차고 기분 좋게 집을 나서는 것이 그날 등산의 가장 중요한 기술임을 알게 되었다.

아침 식사의 중요성

먼저 엄마는 아이들보다 일찍 일어나야 한다. 자신의 개인 준비를 빨리 마치고 아이들 아침을 먹인 후 바로 나가야 하기 때문이다. 아이가 스스로 일어나지 못한다면 적어도 출발 1시간 전에는 깨워 맑은 정신으로 아침을 먹을 수 있게 하자.

평소 아침을 건너뛰는 집이라도 등산 가는 날에는 꼭 먹어야 한다. 등산은 에너지가 많이 소모되므로 탄수화물 위주로 영양소를 골고루 챙긴 아침이 좋다. 산에 오르기 1~2시간 전에 식사를 하면, 등산할 때 좋은 에너지원이 된다. 이때 엄마도 아침을 꼭 먹자. 어른이라고 건너뛰면 막상 산에서 체력이 떨어져 낭패를 볼 수 있다.

하루의 컨디션을 좌우하는 스스로 일어나기

앞서 말했듯이 등산 당일 아침 아이가 스스로 일어나는 것도 중요하다. 스스로 일어난다는 것은 잠을 충분히 잤다는 표시이자 아이 컨디션이 어느 정도 회복되었다는 의미다.

매일 아침의 루틴을 유지하며 아이가 좀 더 일찍 일어나게 만드는 것이 좋다. 기분 좋은 음악을 틀거나 아침밥, 국 냄새를 풍기는 것도 방법이다. 아이가 기분 좋게 일어나 침대 밖으로 나올 수 있다면 그날 컨디션은 8할이 완성된 셈이다.

아침에 스스로 일어나는 연습은 학교 갈 때도 도움이 된다. 아이의 수면 시간을 체크하며 취침 시간을 정해두고 습관을 만드는 것이 좋다.

엄마의 한마디가 가지는 힘

등산 당일 아침 아이가 짜증을 내며 늦장을 부리면 엄마의 마음은 급해진다. 이때 엄마가 아이에게 화를 내면 그날 하루는 정말 힘들어진다. 아이의 마음을 읽어주되 오늘의 계획에 대한 기대감도 함께 북돋아주자.

"우리 이우가 그런 마음이 들었구나. 오늘 가는 산이 어떤 산이라고 했는지 기억나? 그래 맞아. 이름이 좀 특이하지? 왜 그런 이름이 붙여졌는지 아래에서 올려다보면 알 수 있다더구나. 엄마는 보고 싶은데. 지난번에 갔던 인왕산 정도의 높이라서 크게 힘들지 않대. 너 인왕산 혼자서 척척 올라갔잖아. 이 산의 정상은 얼마나 멋진지 어서 가보자."

아침에 듣는 엄마의 한마디가 하루를 기분 좋게 만들 수도, 나쁘게 만들 수도 있다는 걸 우리도 어린 시절, 학창 시절에 경험했다. 아침의 활기찬 기운은 엄마와의 대화에서 시작된다는 것을 잊지 말자.

시작은 준비운동
마무리는 정리운동

산에 다녀와 근육이 뭉쳐 일주일간 제대로 걷지 못했던 경험이 다들 있을 것이다. 그런데 원정대와 산행을 했을 때는 다음 날 다리가 아프거나 근육이 뭉쳐 힘들지 않았다. 물론 아이들과 함께 다니느라 걷기 편하고 수월한 등산 코스를 선택한 점도 있지만, 비결은 등산 전 꼭 했던 꼼꼼한 준비운동 덕분이었다.

모든 신체 활동에서 준비운동의 중요성은 두말할 필요가 없다. 준비운동은 이제부터 안 쓰던 근육을 쓸 것이니 몸에게 미리 준비를 하라는 주문 같은 것이다.

준비운동은 근육의 온도를 높여주고 몸을 풀어주는 것이다. 그러므로 몸 전체를 풀어주는 가벼운 운동이면 어떤 종류든 상관없다. 준비운동은 몸의 유연성을 향상시키고 운동 중에 일어날 수 있는 부상을 예방한다. 또한 피로가 회복되며 기분도 상쾌해져 심리적인 안정 효과를 준다. 준비운동을 소홀히 해서 생긴 사고들이 정말 많다. 특히 추위로 몸이 굳어진 겨울에는 준비운동을 어떻게 하느냐에 따라 부상 여부가 결정될 정도다.

산에 오르기 직전 아이와 함께하는 준비운동

등산을 할 때는 다리를 많이 쓰기 때문에 다리 근육을 스트레칭으로 부드럽게 풀어주자. 발목과 무릎은 충분히 돌려준다. 평소 오래도록 걸을 때 아팠던 부위(발바닥, 종아리 중간 부분 등)가 있으면 미리 마사지해주고, 경사가 급해 땅을 짚고 산에 오르는 경우 손목이 아플 수 있으니 손목도 미리 풀어준다. 특히 어린아이들은 땅에 손을 짚고 오르는 경우가 많으므로 반드시 손목 운동도 해준다.

원정대의 준비운동 순서는 다음과 같았다. 둥글게 모여 서서 발목과 무릎, 허리를 천천히 돌리면서 근육을 풀고 어깨를 돌리고 목 운동을 했다. 그다음 팔 벌려 뛰기(P.T. JUMP)로 땀을 살짝 냈다. 이렇게 하고 나면 겨울에도 몸이 풀리고 따뜻해졌다. 더불어 기분도 좋아지고 발걸음이 가벼워져 산에 오르는 일이 한결 수월했다.

준비운동 장소는 바람이 심하게 불어 추위에 노출된 곳은 피하고 서로의 동작을 확인할 수 있을 정도의 평평한 공간이 좋다. 준비운동 동작은 되는 데까지만 부드럽게 몸을 풀어주면 된다. 근육에 부드러운 긴장감을 주는 정도로만 하고, 만약 통증이 느껴진다면 그 동작은 무리하게 하지 않는다. 아이와 엄마 모두 꼼꼼하게 준비운동을 하자.

준비운동을 열심히 한 날에는 등산 다음 날 근육통이 없었고, 대충 흉내만 낸 날에는 하산할 때에도 다리가 뻐근했다. 아이들은 왜 준비운동을 하는지 몰랐지만, 다음 날 아침 몸 상태로 자연스럽게 준비운동의 중요성을 깨달았을 것이다.

준비운동만큼 꼭 필요한 마무리 운동

등산을 하며 평소 잘 쓰지 않던 근육과 관절을 장시간 사용했기 때문에 등산을 마치고 나서도 마무리 정리운동으로 인대와 근육, 관절을 부드럽게 풀어 피로를 낮춰주어야 한다. 한 발로 서서 발목을 잡고 당기기, 몸통 비틀기, 걷는 자세로 서서 벽 밀기 등의 동작으로 종아리와 허벅지 근육을 풀어준다. 각각의 동작을 15초 정도 유지해준다. 등산은 준비운동만큼 마무리 운동도 중요하므로 빼먹지 말자.

등산룩
OOTD

취미든 운동이든 복장과 장비를 먼저 갖추고 시작해야 하는 사람이 있다. 반면 일단 운동을 시작하고, 그 운동이 내게 맞는지 먼저 파악하는 사람도 있다. 나는 후자에 속한다. 하지만 겨울에 아이들을 데리고 등산을 하려니 등산화 외에도 어떤 옷을 입혀야 할지 고민이 되었다.

등산복은 체온조절이 관건

등산 전문가들은 땀이 날 정도로 빠르거나 거칠게 등산하지 말라고 조언한다. 땀을 흠뻑 흘리면 그만큼 에너지를 많이 사용한다는 의미다. 또한 땀이 마르면서 체온이 내려가면 우리 몸은 체온조절을 하느라 또 에너지가 필요하다. 이렇게 되면 탈진하기 쉽다. 아이들은 어른보다 기초체온이 높고, 등산 중 편한 길에서는 자주 뛰기도 하므로, 땀이 쉽게 나고 체온도 쉽게 떨어진다.

등산복의 가장 중요한 포인트는 체온조절이다. 땀 흡수력은 높으며 건습성과 신축성, 보온성뿐만 아니라 촉감까지 좋은 기능성 소재로 고르자.

순면 소재 옷은 땀은 잘 흡수하지만 빨리 마르지 않는다. 땀에 젖은 상태로 아이의 피부에 계속 닿아 있기 때문에 체온을 빠르게 뺏는다. 게다가 겨울 등산에서는 한 번 젖은 면 소재의 옷은 그대로 얼어버릴 수도 있으니 주의한다.

해가 다르게 자라는 아이들에게 처음부터 비싼 등산복을 구입해 입힐 필요는 없다. 우선 체온조절을 위한 기능을 갖추고 편하게 입고 활동하기 좋은 옷을 고르면 된다. 가볍고 따뜻하며 흡습성과 가공성이 좋은 폴리에스터 소재의 셔츠가 적당하다. 계절에 따라 반팔과 긴팔을 선택하면 되고, 아이가 땀이 많다면 레이어드로 입혀, 입고 벗기 편하게 만들어 준다. 날이 추워지면 보온성과 통기성을 갖춘 플리스 소재로 된, 품이 여유로운 옷을 입히는 것이 좋다. 더우면 벗고 추우면 바로 덧입을 수 있는 지퍼 형태의 옷이 가볍고 편하다. 아이에게 입히는 옷 외에도 여벌 옷을 챙겨 필요에 따라 겹쳐 입게 해준다.

바지는 부드럽고 신축성이 좋아 아이가 편하게 움직일 수 있는 옷이면 된다. 여름이라고 반바지에 짧은 양말을 신기면 벌레에 물리기 쉽고, 겨울이라고 두꺼운 기모바지를 입히면 땀에 기모가 엉겨 간지러워 피부 트러블이 생길 수 있으니 피한다.

요즘 유행하는 등산 레깅스는 가볍고 편해 아이들에게도 많이 입힌다. 하지만 둘레길처럼 가벼운 등산은 괜찮지만 고도가 있는 산 정상까지 올라야 한다면, 가급적 신축성이 좋고 통기성과 흡습성이 좋은 바지를 고르자. 등산 레깅스는 보온까지 책임지지 못하기 때문이다.

겉옷은 언제든 꺼내서 입고 벗을 수 있도록

산에 오르면서 땀이 나기 시작하면 아이들은 겉옷부터 벗는다. 겉옷은 보온성과 방수·방풍 기능이 있어 악천후를 차단해주는 옷이 좋다. 만약의 날씨 변화에 대비해 날이 춥지 않더라도 배낭에 챙겨간다. 겹쳐 입을 수 있게 품이 넉넉한 것을 고르면 금상첨화.

아이들은 자신의 체온 변화를 제때 알고 바로 대응하기 힘들다. 땀이 났다가 서늘한 기온이 느껴져 옷을 입으면 이미 늦다. 급격한 체온 변화로 감기에 걸리기 쉽기 때문이다. 산행 중에 겉옷은 벗어서 배낭에 넣고, 앉아서 쉴 때는 바로 꺼내 입혀준다.

겨울방학에 멋모르고 시작한 등산에서 우리는 가지고 있던 폴리에스터 소재의 상의와 다양한 운동복을 번갈아 입으며 산을 올랐다. 겉옷은 바람막이와 경량패딩으로 충분히 체온조절을 해줄 수 있었다. 아이들에겐 편하게 입고 신나게 산에서 뛰어놀 수 있는 옷이 가장 좋다.

들꽃의 이름을 아는 법

원정대의 산행은 겨울에 시작해 늦은 봄에 끝났다. 특히 봄에 오른 산에서는 매주 새순이 돋기 시작하는 나무와 막 피어나는 꽃봉오리를 볼 수 있었다. 기껏해야 아파트 단지나 근처 공원의 꽃을 보는 게 전부였던 우리는 산에서 아주 다양한 식물을 관찰할 수 있었다. 개나리, 철쭉, 진달래, 산벚꽃, 목련, 민들레, 제비꽃, 할미꽃 등 이름을 아는 꽃들뿐만 아니라 처음 보는 꽃도 무척 많았다.

산에 다니면서 좋은 점은 계절에 따라 피어나는 꽃들과 나무가 가득한 숲의 모습을 아이들에게 보여줄 수 있다는 것이다. 등산은 자연의 변화에 무감각한 아이들이 조금씩 자연에 관심을 두는 계기가 되었다. 물론 자연을 느끼기 위해 꼭 멀고 험한 산을 오를 필요는 없다. 오히려 집과 가까운 동네 뒷산에서 더 쉽

게 느낄 수 있다. 아이를 둘러싼 사방에서 자라는 나무와 꽃들이
바로 자연의 모습이니까 말이다.

신기하고 정확한 꽃 검색

산은 아는 만큼 많이 보인다. 하지만 누구나 생태전문가나 숲해
설사가 되기는 쉽지 않다. 아이를 위해 식물도감을 무조건 외울
수도 없는 노릇이다.

아이에게 제대로 된 산지식을 전해줄 수 있는 방법은 없을까?

방법은 아주 간단하다. 산에 가기 전 요즘 피는 꽃을 검색해
보고, 가기로 한 산에 주로 서식하는 나무들의 종류를 알아보기
만 해도 된다. 국립공원처럼 자생식물을 집중적으로 관리하는
산이 아니라면 우리가 쉽게 접하는 나무의 종류는 생각보다 많
지 않다. 잎이나 나무의 모양 등을 조금만 공부해두어도 아이들
과 산에 갔을 때 식물 전문가처럼 이야기해줄 수 있다.

이름을 모르는 꽃을 발견했다면 포털사이트에서 꽃 검색 창
을 열자. 꽃의 모양이 잘 보이도록 사진만 찍으면 어떤 꽃인지
알 수 있다. 굳이 외우려고 하거나 몰라도 부끄러워하지 말고 아

이와 함께 찾아보며 그 시간을 즐기면 된다. 아이도 직접 알아보는 꽃 이름을 더욱 잘 기억한다. 엄마와 함께 찾아본 기억이 더해지기 때문이다. 이렇게 몇 번 반복하다 보면 엄마보다 먼저 꽃 이름을 말하는 날이 올 것이다.

꽃이 피고 지고, 나무가 자라고 숲의 색이 변하는 것을 접하면서 아이들은 자연의 순리를 이해하게 된다. 이번 주에 오른 산에서 꽃봉오리를 봤다면 다음 주에 갈 때 그 꽃이 봉오리를 터뜨릴 것임을 알고 기대한다.

자연은 언제나 솔직하다. 서둘지 않고 순리대로 변화하지만 절대 중간에 멈추지 않는다. 삶도 마찬가지이다. 산에서 아이들은 자연스럽게 삶의 진리를 깨닫게 된다.

벌레가
무섭다면?

겨울을 지나 봄이 되자 산에 벌레들이 출몰했다. 나와 첫째 이은이는 벌레에 상당히 민감한 편이다. 남들 눈에는 안 보이는 벌레들이 유독 나와 이은이의 눈에는 잘 띈다. 즐겁게 이야기를 나누며 등산을 하다가도 하루살이 떼를 만나거나 벌이 날아오면 우리의 대화는 바로 끊겼다. 벌레가 어디로 가는지에 집중하느라 등산도 제대로 즐기지 못했다. 산에서 큰 소리를 내는 것은 조심해야 하는데도 갑자기 소리를 질러 함께 가는 원정대는 물론 다른 등산객까지 놀라게 한 적도 많았다.

벌레는 작다. 아이들도 얼마든지 무찌를 수 있지만 아이와 나는 그런 작은 벌레를 무서워한다. 정확하게는 '싫다'는 표현이 맞겠지만 벌레 공포심이 커서 애를 먹는다.

벌레를 무서워하는 아이에게 "괜찮다" "물지 않는다"고 이야기하는 것은 하나도 도움이 안 된다. 벌레에 대한 공포는 반복적으로 학습된 것이다. 몇 마디의 충고나 말로 해결될 수 없다.

벌레 공포가 심한 아이라면 일부러 벌레가 많은 곳에 다니며 아이를 힘들게 하지 않는 것이 좋다. 대신 산에 오르기 전 아이와 함께 곤충에 관한 책을 읽어보며 곤충들이 어떤 일을 하는지 가르쳐준다. 올바른 지식이 쌓이면 근거 없는 공포감이 없어진다.

또한 산에서 만나는 곤충은 무서워 피해야 할 대상이 아니라 자연에 꼭 필요한 존재이며, 그들의 터전에 우리가 방문했다는 사실을 알려주자.

아이가 곤충을 보고 울음을 터뜨리거나 소리를 지르며 뛰어간다고 해도 바로 나무라거나 다그치지 말아야 한다.

그리고 가급적 벌레가 많은 여름보다는 다른 계절에 등산을 하는 것이 낫다. 굳이 아이가 힘들어하는데 무리할 필요는 없다. 오히려 벌레 때문에 등산 자체가 싫어질 수 있다.

등산을 갈 때는 벌레 퇴치 준비를 잘하는 것도 필요하다. 벌레 퇴치제와 바르는 약을 함께 챙기고, 가급적 긴팔을 입혀 벌레가 직접 몸에 닿는 것을 막아준다.

산에서는 벌과 진드기를 반드시 조심해야 한다. 벌은 꽃이 피는 봄부터 가을까지 쉽게 볼 수 있다. 함부로 꽃을 따거나 벌집을 건드리는 것은 금물이다. 의외로 등산 중 벌집을 건드려 벌 떼의 공격을 받는 경우가 많다.

벌은 4km 밖에서도 꽃향기를 맡을 정도로 향기에 민감한 곤충이므로 짙은 화장을 하거나 향수를 뿌리는 것은 가급적 피한다. 아이들이 사용하는 립밤도 향기가 진한 제품은 산에 갈때 바르지 않게 한다. 과일 껍질의 냄새도 벌을 불러들일 수 있으니 과일은 최대한 밀봉해서 싸가는 것이 좋다.

만약 벌의 공격을 받는다면 머리를 땅 쪽으로 낮추고, 벌이 다른 곳으로 떠나갈 때까지 움직이지 않고 가만히 있어야 한다.

벌에 쏘였다면 어떤 벌인지 기억해두고(벌마다 다른 대처를 해야 하는데, 꿀벌의 독은 산성, 말벌은 알칼리성이다) 벌침을 신용카드나 손톱, 칼 등으로 가능한 한 빨리 제거한다. 물로 세척을 한 후에는 상태를 살피며 안정을 취해야 한다. 만약 부어오르거나 가려움증이 계속된다면 아스피

린이나 항히스타민제를 복용한 후에 병원을 찾도록 하자.

벌에 쏘였을 때는 일반적으로 가려움증, 통증, 부종 등의 증상이 생긴다. 간혹 벌독 알레르기가 있는 사람이 기도 수축과 호흡곤란 등으로 사망에 이르기도 한다. 따라서 벌독 알레르기 반응을 보인다면 바로 구조 요청이 필요하다. 또한 벌독 알레르기가 있다면 등산 시 반드시 해독제를 준비해간다.

풀숲에는 야생진드기 조심

몇 년 전 야생진드기 때문에 아이들의 야외놀이와 숲 체험 등을 금지하던 때가 있었다. 야생진드기는 피를 빨아 먹는 흡혈성 벌레다. 보통 야생진드기는 '작은소참진드기', '검은다리진드기'를 말하는데, 몸길이가 0.1mm부터 1cm가 넘는 것까지 다양하다.

봄부터 가을까지 저지대(작은소참진드기)와 고지대(검은다리진드기) 어디서든 쉽게 물릴 수 있다. 진드기가 무서운 이유는 물릴 때 분비물을 내뱉기 때문이다. 어떤 진드기냐에 따라 쯔쯔가무시, SFTS(중증열성혈소판감소증후군), 라임병 등으로 구분되어 심각하면 사망에 이르기도 한다.

가장 중요한 예방은 물리지 않는 것이다. 등산할 때는 여름에도 긴팔을 입고 양말을 길게 신어 피부 노출을 막는 게 좋다. 몸에 진드기 기피제나 살충제를 뿌려 진드기의 접근을 막는 것도 필요하다.

산에서 바닥에 앉을 때는 가급적 돗자리나 방석을 준비해 앉고 그 위에 짐도 올린다. 또한 집에 돌아온 후 등산 때 입었던 옷을 모두 세탁하고 배낭과 방석에도 진드기가 붙었는지 확인하고 털어서 보관한다. 등산 후에는 반드시 씻도록 한다. 특히 머리카락 속과 귀 뒤쪽에 진드기가 붙어 있지는 않은지 꼼꼼히 살핀다.

만약 야생진드기에 물렸다면 바로 손으로 떼어내지 말고 핀셋을 사용해 조심스럽게 머리 부분까지 제거한다. 물린 부위를 소독한 후 병원에 방문하는 것도 필수다. 등산 후 2주 이내에 고열, 구토, 설사 등 소화기 증상이나 전신 근육통이 나타나는지도 잘 체크한다. 특히나 증상이 코로나19와 비슷한 SFTS는 치사율도 높으므로 유심히 살펴봐야 한다.

길을 잃어도
당황하지 않는 법

등산 경험이 적은 사람은 정확하지 않은 표지판과 애매한 등산로 안내 때문에 산속에서 헤매는 경우가 생긴다. 산에는 표식이 될 만한 특별한 것을 찾기가 어렵다.

나는 여행을 갈 때 애플리케이션의 지도보다, 도시 전체가 보이는 지도를 먼저 보는 편이다. 도시의 모습과 각각 어디로 연결이 되어 있는지 파악하고 나면 애플리케이션의 지도를 봐도 쉽게 이해되고 현지에서 길 잃을 확률이 낮다.

산에 갈 때도 비슷해서 그 산의 형태를 비롯해 등산로는 몇 개로 나 있으며 입산과 하산의 위치는 어딘지 등 산의 전체적인 모습을 지도를 통해 알아두는 것이 좋다. 이러면 등산로 지도를 봐도 이해가 빠르고 길도 잃지 않는다.

요즘은 온라인에 등산로가 거의 다 공개되어 있고 등산 애플리케이션은 GPS를 기반으로 경위도 좌표, 고도와 방위까지 현재의 위치를 알려준다. 심지어 등산로 표지판마다 사진을 찍어 친절하게 안내해주는 블로그도 많아 '특별히 지도 보는 법을 배울 필요가 있을까' 하고 생각할 수 있다. 하지만 등산 시 지도와 나침반으로 위치를 찾는 것은 필수 생존법 중 하나다.

익숙하고 잘 아는 산이고 등산객이 많이 다니는 산이라도 지금의 나의 위치가 어디고 갈림길에서 등산로가 어디로 이어지는지 정도는 지도를 보면서 파악할 줄 알아야 한다. 그래야 길을 잃어도 무섭지 않다. 또한 혹시 모를 조난 시 자신의 현재 위치를 설명할 때도 유용하다.

지도 읽을 줄 아는 엄마

지도의 지리적 개념은 국제적으로 통일해서 사용한다. 그러므로 한번 지도 읽는 법을 익혀두면 세계 어디를 가도 길을 잃어 난감할 일이 적다. 아이와 함께 산에 갈 때는 항상 최악의 상황도 대비해 해당 산의 등산 지도나 등산로가 표시된 지도를 다운로드해 준비해가자.

산에서는 통신 상태가 종종 나빠지고, 휴대폰 배터리도 빨리 닳아 정작 필요할 때 쓰지 못할 수 있다. 여분의 배터리를 챙기고, 일행 모두 등산 지도를 갖고 있는 것이 좋다.

지도 읽는 법을 '독도법讀圖法'이라고 한다. 지도를 보기 위해

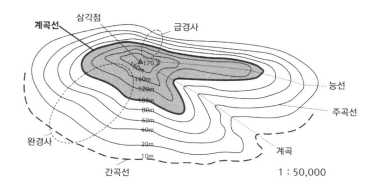

계곡선　삼각점　급경사　능선　주곡선　계곡　완경사　간곡선

1 : 50,000

서는 먼저 등고선과 여러 기호를 알아야 한다. 지도에서 산은 해발고도가 같은 지점을 연결한 곡선인 '등고선'으로 표시되며 그 모양과 색, 개수에 따라 산의 모양과 높낮이, 등산로의 형태를 알 수 있다. 얇은 선 사이는 10m 간격이고 5개마다 굵은 선으로 표시한다. 그러니까 굵은 선과 굵은 선의 간격은 해발 50m 차이를 의미한다. 산이 높아질수록 점차 진한 색으로 표시되고, 등고선의 간격이 좁을수록 경사가 급하고 넓을수록 경사가 완만하다.

등산로의 표시가 등고선과 같이 표시되는 것은 등산로가 정상 방향으로 올라가지 않고 같은 높이를 걷는다는 의미이다. 보통 산책 코스나 둘레길에서 볼 수 있다. 이렇게 등고선을 볼 수 있으면 산의 난이도가 파악돼 등산로 선택에 도움이 된다. 아이들과 함께 갈 때는 특히 경사가 급한 곳은 위험하므로 등산로의 등고선 간격을 살펴보자. 그 외에도 지도상의 기본적인 기호를 알아두면 지도 읽기가 훨씬 수월하다.

지도상의 기본적인 기호

◉	◎	○	🚩	⊗
도청/특별시청 광역시청	시청/구청	읍사무소 면사무소 동사무소	학교	경찰서
Y	◀✕▶	⊕	┿	☼
소방서	우체국	병원	교회	공장
⌇⌇⌇	☼	✕	⊥	▲
온천	등대	광산	묘지	산
卍	⊥⊥	○	∕∕	⊓
절	논	과수원	다리	성곽

나의 위치를 알려주는 나침반

지도와 함께 알아두면 좋은 것이 나침반이다. 산에서는 언제나 자신의 위치를 알고 있는 것이 가장 중요하다. 등산하다가 지도 애플리케이션을 볼 때 가장 난감한 것이 나의 위치를 정확하게 알 수 없을 때다. 등산로 안내가 부정확해 찾아보고 싶어도 나의 위치를 지도상에 찍기가 애매해 어려웠다. 그럴 때는 지도와 함께 나침반을 활용해 현재 나의 위치를 측정해볼 수 있다.

요즘 휴대폰에는 나침반 기능이 있고 애플리케이션도 따로 있으니 다운로드하면 된다. 준비되었다면 지도와 나침반을 같이 놓고 각각의 북쪽을 찾는다. 찾아볼 수 있는 봉우리나 대피소 등의 기준점을 찾아 북쪽을 맞춘 지도와 나침반을 일직선으로 연결했을 때 만나는 지점이 나의 위치가 된다. 종이지도가 없는 경우, 두 대의 휴대폰을 두고 북쪽을 맞추고 교차지점을 대략 찾으면 된다. 대략 찾은 장소를 확대해 등고선과 다른 기호들을 확인하며 나의 위치를 찾는다.

자연의 흔적으로 방향 찾기

나침반 외에도 산속에서 길을 잃었을 때 자연의 흔적으로 북쪽이나 계곡 등을 찾는 방법이 있다. 자연이 알려주는 신호와 단서들로 현재 상황을 추측해보는 것이다. 아이와 함께 산에서 셜록홈스가 되어보자.

① 해는 동쪽에서 뜨고 서쪽으로 지지만, 겨울에는 남동쪽에서 뜨고 남서쪽으로 진다.

② 나뭇가지가 많이 자라고 잔가지가 길게 뻗어 있는 쪽이 남쪽, 나이테 형성 곡선의 모양이 넓게 보이는 쪽이 남쪽이고 껍질이 두꺼운 쪽이 북쪽이다.

③ 바위에 이끼가 많은 쪽이 북쪽이다.

④ 봄, 여름에는 보통 남쪽에서 바람이 불고, 가을과 겨울에는 대개 북쪽에서 바람이 분다.

⑤ 산에서 만나는 무덤이나 비석은 대개 남쪽을 향하고 있다.

가야할 길을 안 다는 것

등산 애플리케이션은 등산로 검색, 산행 기록, SNS 공유도 가능하다. 다음 등산 예정지를 정했다면 다양한 자료에서 아이와 가기 편한 곳을 충분히 검색해두자. 여러 변수가 생길 수 있으니 검색한 후 직접 지도에서 갈 곳을 찾아 미리 저장해 가는 것도 필요하다.

지도를 보며 등산을 하는 것이 어려울 수 있다. 하지만 앞에 가는 팀의 뒤만 따라가지 말고 직접 지도를 들고 등고선과 실제 지형을 비교하며 맞게 가고 있는지, 나의 위치가 어디인지 파악하며 걸어보자. 아이와 함께하는 등산의 의미가 훨씬 깊어지고 풍부해질 것이다.

등산 중 보호자가 길을 잃고 헤매는 모습을 보이면 아이들은 불안해할 수 있다. 등산을 떠나기 전에 파악한 등산로와 준비해

둔 지도를 보며 지금 우리의 위치를 알고 등산로를 따라 무사히 하산할 수 있는 정도의 독도법은 꼭 익혀두자.

등산 시 유용한 애플리케이션

트랭글 GPS

주변 코스, 4대강 자전거길, 100대 명산, 둘레길 등 국내 최대 코스 정보를 가지고 있으며, 등산, 자전거, 걷기 등 모든 운동에 특화된 서비스를 제공한다. GPS 기반으로 이동 속도와 거리, 칼로리 소모량, 시간 등 기타 정보를 제공하며 트랙 저장하기를 통해 동일한 코스의 기록을 비교할 수 있어 체계적인 관리가 가능하다. 또한 게임을 하듯 배지를 제공해 도전의 과정을 기록하며 성취의 기쁨도 얻을 수 있다.

램블러

산행별 경로 기록뿐만 아니라 사진 및 동영상 등 산행 스토리까지 안내하여 등산의 재미를 더해준다. 다른 사람들이 이용한 등산로와 가이드를 비롯해 등산로의 고도, 길이 등의 기록도 확인할 수 있다. GPS 기록은 물론, 사진, 비디오, 육성 메모, 텍스트 메모 등 다양한 미디어를 활용하여 산행 스토리를 기록할 수 있다.

Relive

수백만 명의 러너, 사이클리스트, 하이커, 스키어, 스노우보더 그리고 다른 모험가들이 3D 영상을 공유하기 위해 사용한다. 최근 SNS에 자주 보이는 경로 3D 영상이 그것인데, 다양한 야외 활동을 GPS 기반으로 경로, 사진, 비디오를 편집해 간단히 영상으로 남길 수 있어 기록용으로 많이 사용한다.

산에서
화장실이 가고 싶다면?

등산은 생각보다 시간이 오래 걸리는 활동이다. 게다가 걸으면서 체력을 유지하기 위해 간식과 물을 주기적으로 먹기 때문에 중간에 화장실 가고 싶을 때가 종종 생긴다. 특히 아이들은 등산 전에 화장실 다녀오라는 말을 듣지 않다가 막상 산에서 화장실을 찾는 경우가 많다.

화장실이 보이면 일단 이용할 것

산에서 생리현상을 해결하는 것은 좋지 않다. 산에 오르기 전에 반드시 화장실에 다녀오고, 등산 중간중간 화장실이 나타나면 다녀오게 한다. 국립공원같이 관리가 잘되는 산에는 구간별로 화장실이 잘 마련되어 있고, 왠지 꼭 들러야 할 것 같은 '마지막

화장실'이라는 표시도 있다.

아이들의 생리현상은 언제 급해질지 모른다. 산에서는 물을 안 마시고 오를 수 없고, 화장실에 가겠다는 아이에게 무작정 참으라고 말할 수도 없다.

산에 있는 화장실은 물이 없는 자연 발효 화장실이 많다. 그 특유의 냄새는 새로 지은 화장실도 예외 없고, 사람들이 함께 쓰는 공중화장실이므로 어쩔 수 없다. 화장실 냄새에 민감한 아이라면 미리 이야기해주는 것이 도움이 된다. 또한 자연 발효 화장실이다 보니 손을 닦을 물이 대부분 없다. 화장실을 다녀온 후에는 물티슈로 손을 닦고, 가져간 쓰레기봉투에 담아서 내려오는 것이 가장 깔끔하다. 요즘엔 손 세정제를 구비해둔 화장실이 많으니 마지막엔 손 세정제로 세균을 제거하는 것도 방법이다.

산에서 생리현상 해결하는 법

더는 참을 수 없을 만큼 급해서 야외에서 해결해야 한다면 다음 방법을 꼭 기억하자. 소변은 식물이 없는 바위나 땅에 배설한다. 소변의 염분이 산의 식물을 죽이지 않도록 해야 한다.

대변은 계곡이나 물에서 최소한 60m 이상 떨어진 곳에서 구덩이를 마련해 처리하거나 등산로와 멀리 떨어진 해가 잘 비치는 바위 주변에 빨리 건조될 수 있도록 처리한다. 어쩔 수 없는 상황이겠지만 어떤 방법이든 다른 등산객들에게 혐오감을 주지 않도록 조심한다.

'아이니까 괜찮겠지' 하고 등산로 주변에서 대변을 해결한 후 낙엽으로 대충 덮어놓으면 다른 등산객들에게 큰 피해를 줄 수 있다.

누군가는 등산로 주변 바위에서 식사할 수도 있고 야생동물이 먹어 고통을 받을 수 있다. 또 대변을 덮은 낙엽을 밟고 미끄러져 다칠 수도 있다.

또한 산에서 바지를 내리고 볼일을 보면 진드기나 벌레의 공격을 받을 수 있다. 잠깐 맨살이 노출되었을 뿐인데 나뭇잎에 앉아 있던 벌레가 옷 속으로 들어와 물거나 알레르기를 유발할 수도 있다.

산에서는 언제 어떤 일이 생길지 모른다. 그래도 산에 대한 애정을 놓아서는 안 된다. 오래전부터 산악인들이 산을 보호하면서 즐길 수 있도록 노력하고 지켜온 것들을 존중하는 것이 산과 함께 행복할 수 있는 길임을 기억하자.

모든 시작은 걷기로부터

"걷기 좋아하세요?"

산에 다니기 시작하며 내가 주변에 자주 하는 질문이다. 산을 좋아하는지 묻지 않고 걷는 것을 좋아하냐고 묻는 이유는 등산 역시 '걷기'가 기본이기 때문이다.

누구나 걷지만, 그 의미는 사람마다 다르다. 누군가에게는 이동 수단일 수 있지만, 철학자 키르케고르에게는 사색의 시간이었고, 베토벤에게는 예술적 영감의 시간, 틱낫한 스님에게는 통찰의 시간이었다.

엄밀히 따지면 산을 오르는 것을 '걷기'라고 표현하기 어려울 수도 있다. 하지만 한 발 한 발 내디뎌 목표했던 정상까지 오르는 길은 다리를 움직여 새롭고 낯선 어딘가로 나를 보내는 것이다. 등산로에서 우리는 저마다의 높이로, 저마다의 다리로, 저마

97

다의 두 팔을 저으며 걷는다.

스틱을 쥐지 않는 한 더 필요한 것은 아무것도 없다. 그저 한 발씩 움직이다 보면 어느새 우리는 낯선 곳에 도착해 있다. 그곳에서 보이는 풍경, 향기, 소리는 우리의 마음에 고스란히 저장되고 또 다른 자극이 되어 발걸음을 이동시킨다. 높낮이 차이가 있을 뿐 등산도 걷기이다. 숨이 좀 더 가빠지는 걷기이다.

걷기 예찬

걷기 예찬론자가 많다. 나 역시 그렇다. 사람마다 걸으며 얻는 것이 다르니 걷기는 누구에게나 좋은 매개체가 되어준다.

먼저, 걸으면 건강을 얻는다. 심폐 기능은 물론 혈관 기능과 근력 향상에 도움이 되고, 치매와 뇌 기능에도 긍정적 효과를 준다. 매일 꾸준히 걷기만 해도 건강에 큰 도움이 된다.

다비드 르 브르통은 《느리게 걷는 즐거움》이라는 책에서 이렇게 말했다.

걷는 것은 자신의 길을 되찾는 일이다. 돌연히 빠른 속도로 앞으로 나아가는 방법이다. 질병과 슬픔을 이기고 앞으로 나아가면서 자신에게 작별 인사를 하고 다른 사람이 되고자 하는 의지이다. 처음 걷는 몇 시간은 걱정거리가 줄어들고, 깊이 생각하는 경향이 적은 사색으로부터 해방된다. 그리고 사물에 대한 시야가 넓어지는 듯한 공간으로 들어서면서 어떤 해결책을 모색하려는 욕구가 강해진다. 걷기는 잠시 바깥에서 오는 모든 유혹을 잘라내어 자신의 재정복을 구축하기 위한 재활성화이자 내적인 은신처이다《느리게 걷는 즐거움》, 다비드 르 브르통, 문신원 역, 북라이프, 2014).

걷기는 신체의 긍정적 변화만 가져오는 것이 아니다. 걸으면서 생각이 정리되고 스트레스가 사라지는 이유는 걷는 행위 자체가 자신을 새롭게 만나는 과정이기 때문이다. 산책하며 사색하는 법을 배워본 적이 없지만, 한 가지 분명한 것은 걷다 보면 얽혀 있던 생각의 실타래가 서서히 풀리던 경험을 누구나 해봤을 것이다. 나는 머리가 복잡해 그저 걸었을 뿐인데 어느새 생각이 정리되고 다짐이 생기며 다음 행동을 계획하게 된다.

등산을 하며 내가 아이들에게 보여준 것은 시간을 내서 함께 걸으며 자연의 변화에 감탄하고 그것을 함께 나누려는 엄마의 모습이었다.

지금 아이와 함께 걷는 길이 도심의 보도블록이든, 공원의 잘 다져진 나무 데크이든, 산속의 숲길이든 상관없다. 일단 아이와 함께 걸어보자. 에세이 《걷는 사람, 하정우》에 따르면, 걷기에서 잊지 말아야 할 것은 갈 길을 스스로 선택하여 걷기, 내 보폭에 맞게 무리하지 않고 걷기, 내 숨으로 걷기다. 묘하게도 우리 인생과 닮았다.

걷다 보면 처음에는 발바닥이 아프고 어쩌면 발톱에 멍이 들 수도 있다. 종아리와 허벅지가 당겨 며칠 동안 계단을 오르내리기 힘들 수도 있다. 하지만 통증은 언제 그랬냐는 듯 사라질 것이다. 대신 다음에 또 걸어서 어디로 갈지 기대가 된다면 그것만으로 충분히 성공이다.

걷기를 좋아한다면 산도 오를 수 있다. 해보지 않아 두려울 뿐, 발을 디디는 순간 알게 될 것이다. 등산도 걷기라는 걸. 높은 에베레스트산도 실은 내 한 발씩 올라가야 정상에도 서는 것이다.

남는 건 사진!
등산을 기록하자

힘겹게 올라간 산일수록 산 정상에서 바라보는 풍경은 아름답다. 헉헉대며 숨을 고르면서도 손은 카메라를 찾는다. 눈으로 보는 아름다움에 비할 순 없지만 사진으로 담아두면 두고두고 좋은 추억이 되고 이야기가 된다.

산에 올라가는 동안 보이는 아이들의 모습은 하나하나 다 소중하다. 씩씩하게 앞서가는 뒷모습, 힘들어하는 표정, 쉬면서 환하게 웃는 모습도 그날 등산이 만들어낸 아름다운 순간들이다.

원정대의 첫 산행에서 나는 사진을 하나도 안 찍었다. 어느 곳이든 다 비슷한 풍경이라고 생각했다. 그런데 산 선생님은 막 올라오는 우리의 모습이나 뒷모습을 찍어주기도 했다. 큰 경사로에서 로프를 잡고 줄줄이 내려오는 모습도 고스란히 담겼다. 그때는 겨울이라 죄다 바짝 마른 나뭇가지들만 가득한데 왜 자

꾸 사진을 찍나 했다. 하지만 등산이 끝나고 보내주신 사진을 보고 바로 알았다. 그날의 기억이 생생히 되살아났다.

지금도 그때의 사진을 보면 그 순간의 우리가 고스란히 떠오른다. 매번 같은 산을 가더라도 산은 다른 모습을 보여준다. 산에서는 하루하루가 새롭다. 아이들은 매일 자라고 숲도 매일 변한다. 어른들은 제자리인 것 같지만 우리도 조금씩 변한다. 그 작은 변화를 사진이라는 유용한 기록물로 남겨두면 언제든 꺼내 볼 수 있는 추억 앨범이 될 것이다.

등산할 때는 배낭의 가장 꺼내기 쉬운 곳에 휴대폰을 넣어두고 놓치기 싫은 순간을 담도록 한다. 사진을 찍으면 당시의 정확한 시간이나 위치를 비롯해 다양한 정보가 담긴다.

산행 기록의 매력

등산을 다녀온 후에는 아이들과 함께 사진을 보며 이야기하는 시간을 꼭 가져보자. 각자 찍은 사진을 함께 보면서 이번 산행은 어땠고 어떤 점이 가장 좋았으며 기억하고 싶은 순간은 언제인지 이야기 나누면 추억이 더욱 배가될 것이다.

사진을 모아 가족 앨범을 만들거나 요즘 많이 유행하는 포토북을 주기적으로 만들어 보관해두는 것도 추억을 담는 데 좋은 방법이다.

등산 지도를 준비했거나 등산로 입구에서 받은 지도가 있다면 집으로 가져와서 아이와 함께 다녀온 등산 코스를 표시해보는 것도 좋다. 자주 가는 산이 있다면 이번 등산과 지난번 등산 코스를 지도 위에 표시하며 비교해보는 것도 재미있다. 지도에 표시된 절이나 정상의 표식들을 기억하며 이야기 나누다 보면 시간 가는 줄 모른다.

최근에는 GPS 기능을 갖춘 등산 애플리케이션에서 다녀온 산행의 기록을 동영상으로 제작해주는 서비스가 인기다. 앱을 켜고 등산을 하면 내 발걸음을 따라 앱 내의 지도에 표시된다. 2D 지도에 오늘의 등산 기록이 남겨지는 앱도 있고, 위성사진 지도에 등산 기록이 남겨지는 앱도 있다. 등산 후에 찾아보면 뿌듯한 기분이 든다. 아이 휴대폰에도 깔아주면 본인의 등산 기록을 차례로 남길 수 있어 다음 등산의 동기를 자극하는 데 큰 도움이 된다.

산에 오르기 전에 함께 산에 대한 조사를 하고 다녀온 뒤에는 감상을 함께 나눈다면 등산은 가족이 함께하는 소중한 기억으로 자리한다. 아울러 다음 등산을 더 즐겁고 설레게 만들 것이다.

산에서 배우는
산에 대한 예의

등산에도 예절이 있다. 산수山水를 좋아하던 우리 조상들은 명산을 더럽힐까 언제나 조심했다. 지금의 우리 모습을 되돌아봐야 할 이유다. 아이와 가는 산에서 부끄럽지 않게 모두 함께 지켜야 할 예절을 알아두자.

✦ 고성 금지
등산을 하며 음악을 크게 틀고 걷거나 산 정상에서 "야호!" 하고 소리를 지르고, 큰 소리로 통화를 하고, 산에서 시끄럽게 대화를 하는 등산객들이 있다. 산의 본래 주인은 사람이 아니라 산속에 살고 있는 수많은 생명체들이다. 우리는 그들의 생활 터전이자 집을 방문한 것과 마찬가지다. 산속의 생명체들에게 피해를 주는 행동을 삼가야 한다.

✦ 인사하기

등산을 하다 보면 길목에서 다른 등산객과 자주 마주친다. 이때 서로 웃으며 인사를 나누고 격려의 한마디를 해주는 것은 멋진 등산 문화다. 부드러운 목소리로 건네는 "힘내세요!"는 힘든 등산에 큰 위로가 되어준다. 좁은 산길에서는 서로 방해가 되지 않도록 양보하며 걸어야 한다. 보통 올라가는 길이 더 힘들기 때문에 내려가는 사람이 양보해주는 것이 예의다.

✦ 통행 방해하지 않기

등산로 중간중간에 쉴 수 있는 공간이 마련되어 있다. 보통 이곳에서 휴식을 취하지만 갑자기 너무 힘들어 등산 도중에 쉬는 경우도 있다. 등산로에서 쉴 때는 오르내리는 사람들의 통행에 방해가 되지 않도록 길옆 쪽으로 붙어서 쉬자. 특히 스틱이나 배낭은 등산로 중간에 세워두면 안 된다. 길을 막아버리기 때문이다. 끝이 뾰족한 스틱은 등산 중에 아이들이 앞뒤의 등산객들을 찌르지 않도록 주의 깊게 살펴봐야 한다.

✦ 쓰레기 되가져오기

등산로 주변에 떨어져 있는 쓰레기는 썩지도 않는 데다 산속에 사는 동식물들에게 큰 피해를 줄 수 있다. 자신의 쓰레기는 모두 가지고 내려와야 한다. 산에는 화장실에도 쓰레기통이 없다. 등산 배낭을 쌀 때 가급적 쓰레기가 덜 나오도록 짐을 싸서 산에 오르는 것이 중요하다. 과일 껍질이나 남은 음료도 산에 버리지 말고 전부 갖고 내려와야 한다. 과일 껍질의 잔류 농약이 오히려 산의 생태에 더욱 나쁜 영향을 주기 때문이다.

✦ 꽃과 나무 등 자연 훼손하지 않기

가끔씩 등산객 중에 예쁜 꽃들을 보면 뭉텅이로 꺾거나 나무나 식물들을 채취해가는 사람들이 있다. 예쁘다고 모두가 꺾어간 다면 산에 꽃은 남아나지 않을 것이다. 가을에는 도토리를 주워 가서 다람쥐 먹이가 부족한 상태가 되기도 한다. 사람들의 이기 심으로 산속 생명체가 위협을 받는 것이다. 산속의 꽃과 나무는 그 자리에 있을 때 가장 예쁘다. 산은 이미 우리에게 너무 많은 것을 주고 있다. 자연의 모습을 훼손하지 말고 지켜보는 것만으로도 충분히 멋지지 않을까.

등산도 인생도
목표를 세우고 끝까지 해내는 것

등산은 그날의 정확한 목표가 있고, 힘든 과정이 확실히 예상되는 일이다. 그런데도 시도하고 번번이 좌절하지만 끝내 성취한다. 수많은 육아서에서 이야기하는 '작은 성공'이나 만족감과 자신감을 아이들에게 모두 충족시킬 수 있는 것이 바로 등산이 아닐까?

공부는 정확한 목표를 찾기 어렵고 끝이 없는 데다 과정도 지지부진하다. 요즘엔 시험도 없어 결과로 성취감을 느끼기도 쉽지 않다. 그에 반해 등산을 하고 나면 성취감이 정말 크다. 둘레길 코스 하나를 완주하더라도 아이들은 한라산에 다녀온 듯 큰 성취감을 얻는다. 등산이 힘들고 지치기도 하지만 막상 정상에 오르면 그동안 힘들었던 기억이 모두 사라지고 감동을 얻기 때문이다.

내가 아이들과 등산을 하며 꼭 맛보게 해주고 싶었던 것 중의 하나가 이 성취감이었다. 많은 육아서에서 아이의 자존감을 위해 작은 성공과 성취감을 느끼게 해주어야 한다고 말한다. 그런 이유로 부모들은 주말마다 아이들을 데리고 여기저기 다닌다. 작은 작품을 완성하고, 악기를 배우고, 운동경기에 참석한다. 나 역시 아이의 성취감을 위해 정말 많은 주말 계획을 세웠다.

그런 면에서 성취감을 얻는 가장 빠른 방법이 등산이었다. 짧은 시간에 이렇게 큰 성취감을 맛볼 수 있는 활동이 또 있을까? 성취감은 말로 설명해서 생기는 것이 아니다. 아이가 직접 겪고 부딪치고 실패하고 깨닫는 가운데 얻어지는 것이기 때문이다.

등산은 그저 걷기만 하는 것이 아니다. 언제 어디서 어떻게 닥쳐올지 모르는 많은 경우의 수를 예측하고 극복하면서 앞으로 나아가야 한다.

지금 밟은 돌이 미끄러워 넘어질 수도 있고, 등산로 표지판이 잘못되어 엉뚱한 곳으로 방향을 틀 수도 있다. 갑자기 비가 내리거나 유기견이 사나운 들개가 되어 나에게 전력 질주로 다가올 수도 있다. 등산화가 망가져 들고 내려와야 할 일이 생길 수도 있다.

오늘 오를 산을 정하고 내 발로 차근차근 올랐다가 무사히 내려오는 이 과정 속에서 아이들은 목표를 세우고 실천하는 법을 익힌다. 그리고 때론 어려움도 겪지만 결국 정상에 오르는 성공을 경험한다.

산을 오르지 않고 정상의 아름다움을 상상할 수 없다. 아이들 스스로 한 발 한 발 조금씩 땅을 딛고 올라 정상에 도착해 맛보는 땀의 맛은 인생의 어떤 것보다 값지다. 산 위에서 바라보는 넓은 세상은 아이들의 가슴에 오래도록 남을 것이다.

등산은 정상이라는 목표에
누가 빨리 오르나 경쟁하는 것이 아니다.
산에서 속도는 중요하지 않다.
아이와 발을 맞추고, 아이의 이야기에 귀 기울이며,
아이와 눈을 맞춰 걷는 것이야말로
우리가 등산을 하는 진짜 이유다.

PART 3

산을 오르며
삶을 배우며

걸어도 수월하게, 둘레길 예찬

둘레길은 큰 산의 언저리를 빙 둘러 걸을 수 있도록 등산로와 숲길, 도로 등을 하나로 연결한 트레킹 코스다. 정상이 아니어도 산의 아름다움을 더욱 다양하게 즐기기 위해 만들어졌다. 지리산둘레길을 시작으로 북한산둘레길이 만들어졌고 지금도 전국의 다양한 둘레길이 생기고 있다.

둘레길은 난이도와 테마별로 구간이 나뉘어 있다. 구간마다 계단이나 데크, 산길, 산 정상으로 갈 수 있는 등산로가 자연스럽게 연결되어 있어서 지루할 틈이 없다. 또한 화장실이나 휴식 공간, 안내 표지판 등도 잘 마련되어 있어 아이와 등산을 시작하기에 안성맞춤이다.

아이와 난이도에 따라 여러 구간을 걸어보다가 점차 난도를 높여 정상까지 도전해보는 것도 좋은 방법이다. 둘레길은 난이

도와 구간별 특징에 따라 아이들이 걷기 어려운 곳도 있으니 출발 전에 미리 체크해 사전 정보를 익히고 간다.

또한 둘레길 중에는 유모차나 휠체어가 이동할 수 있도록 보행 약자를 위한 '무장애숲길'이 마련된 곳도 많다. 아이가 어려도 함께 걸을 수 있도록 전국 지자체에서 개통되고 있다.

잘 다듬어진 계단과 데크를 걷다 보면 아이는 엄마를 앞장설 것이다. 특별히 위험한 게 없으면 앞서가는 아이들을 제지하지 않아도 된다. 이렇게 속도를 냈다가 줄였다가 하며 아이도 자신의 페이스를 찾을 수 있다.

집 근처를 살펴보자. 나도 모르는 사이에 잘 다듬어진 둘레길이 생겼을 것이다. 물통을 챙기고 가벼운 운동화를 신고 언제든 갈 수 있는 산과 그 둘레길이 있다는 것은 정말 행운이다. 서울 근교에서 아이와 다니기 좋은 둘레길을 정리했다.

✦ 북한산둘레길

단위 면적당 가장 많은 탐방객이 찾는 국립공원이자 기네스북에 등재된 북한산국립공원을 조금 더 쉽고 편안하게 걸을 수 있도록 만든 길이 북한산둘레길이다. 직접 가보니 사계절 많은 사람들이 찾는 곳임에도 잘 관리되고 있었다. 특히 아이들과 다니기에 좋은 곳이다.

북한산둘레길은 기존의 샛길을 연결하고 다듬어서 물길, 흙길, 숲길과 마을길 산책로의 형태가 21가지 테마로 아기자기하

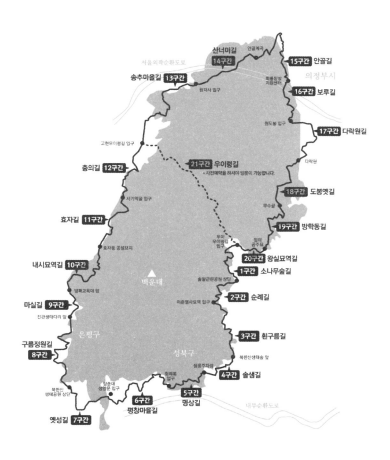

게 구성되었다. 전체 71.5km에 달하는 저지대 수평 산책로이다. 도심에 있지만 오래된 숲으로 둘러싸여 공기가 다르고, 역사와 문화, 생태를 체험할 수 있으며, 심지어 같은 길이 하나도 없어 지루할 틈이 없다.

우리는 서울둘레길 8코스 북한산 구간(서울둘레길과 북한산둘레길 합류점)에서 시작해 북한산둘레길 8구간 구름정원길의 일부를 걸었다. 또 7구간 옛성길을 걸으며 탕춘대 성암문을 지나가기도 했고, 10구간 내시묘역길을 거쳐 북한산 원효봉에 오르기도 했다.

북한산둘레길은 도심 한가운데에서 오르기 시작해 중간중간 아름다운 경치를 볼 수 있기 때문에 다리 아픈 것도 잊을 수 있었다. 한겨울이었지만 푸른 소나무가 가득했고 낙엽을 밟을 수 있는 흙길도 중간중간 있어 걷는 재미가 더했다. 걷다가 나오는 탕춘대와 내시묘역의 의미도 알며 역사 이야기를 자연스럽게 나눌 수 있었다. 아이들과 등산을 시작해보고 싶다면 가장 먼저 걸어보라고 추천해주고 싶은 곳이다.

또한 북한산둘레길에는 아이들과 함께 도전해보기 좋은 스탬프 투어가 있다. 홈페이지에 소개된 '스탬프 투어 패스포트' 증정 장소에서 미리 책자를 받아 가면 된다. 만약 구하지 못했다면 미리 걷고 사진을 찍은 뒤에 나중에 책자를 받은 후 인증을 받고 스탬프를 찍어도 된다. 아이들에게 도전에 대한 성취감과 동기를 맛보게 해주는 좋은 방법이다.

북한산둘레길 홈페이지
http://www.knps.or.kr/portal/dulegil/bukhansan/index.do

✦ 서울둘레길

서울둘레길은 서울을 크게 한 바퀴 휘감는 총 연장 157km의 8개 코스로 되어 있다. 서울의 역사, 문화, 자연생태 등을 스토리로 엮어 국내외 탐방객들이 느끼고, 배우고, 체험할 수 있도록 조성한 도보길이다. '숲길', '하천길', '마을길'로 구성되어 있으며, 북한산둘레길과 겹치는 부분도 있다.

둘레길 곳곳에 휴게시설과 북카페, 쉼터를 만들어 시민들이 자연스럽게 휴식할 수 있고, 전통 깊은 사찰과 유적지를 연결해 서울의 역사와 문화, 자연생태를 곳곳에서 체험할 수 있다.

우리는 8코스 북한산 구간의 일부를 걸었는데 마을과 연결되어 적당히 사람도 있고 경사가 심하지 않고 다져진 흙길로 되어 있어서 아이들과 걷기에 수월했다. 누구나 안전하게 이용할 수 있다.

서울시에는 서울둘레길 외에도 한양도성길, 근교산자락길, 생태문화길, 한강/지천길로 구성된 서울두드림길이 있다. 두 발로 걸으며 서울에서 자연의 느림과 여유를 만끽할 수 있는 걷기

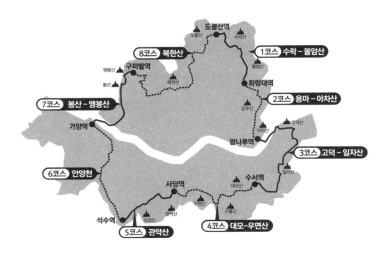

좋은 숲길 코스다.

그중 근교산자락길은 서울 근교산 등산 코스 중 접근성이 뛰어난 곳을 선정해 무장애숲길로 조성했다. 자세한 사항은 홈페이지에서 지역, 대중교통, 유형별 걷기 코스를 난이도와 시간별로 소개하고 있다. 세부 정보와 지도도 다운로드할 수 있어 유용하다.

서울둘레길은 아이들과 함께 스탬프 투어에 도전하기 좋고, 8코스를 모두 완주하면 완주증도 받을 수 있는데 벌써 3만 8천 명 이상이 완주증을 받았다. 스탬프북을 미리 받아 둘레길 곳곳에 숨겨진 스탬프 찍는 재미를 아이들이 즐길 수 있게 해주자.

서울둘레길 홈페이지
https://gil.seoul.go.kr/walk/main.jsp

조선 시대 수도 '한성'을 지키기 위해 쌓은 18.6㎞ 길이의 성곽을 따라 걷는 것으로, 서울성곽길, 한양도성길로도 불린다. 백악, 낙산, 흥인지문, 남산(목멱산), 숭례문, 인왕산 총 6개 구간으로 완주하면 서울을 둥글게 감싸고 있는 성곽을 따라 크게 한 바퀴 도는 셈이다. 세계문화유산 등재를 준비하고 있는 한양도성은 현존하는 전 세계의 도성 중 가장 오랫동안(1396~1910, 514년) 도성 기능을 수행했다. 성곽 축조도 오랜 시간 진행되다 보니 성곽길을 걸으며 시대별 축조 방식의 차이도 확인해볼 수 있다.

우리는 흥인지문구간부터 낙산구간까지, 그리고 인왕산구간을 걸었다. 아이들과 함께 성곽을 따라 걷는 순성巡城 놀이를 하며 특색 있는 주변 마을 풍경도 덤으로 구경할 수 있었다. 벽화가 유명한 이화마을도 멋졌고, 낮은 지붕이 이어진 장수마을을 지날 땐 느릿느릿 걷는 고양이마저 낭만적이었다.

등산화와 등산복을 입고 걷기가 민망할 정도로 잘 정리된 길이어서 걷기가 서툰 아이들도 쉽게 걸을 수 있다. 가까이에 어린이 체험 시설을 갖춘 과학관과 박물관도 있으니 아이들과 방문하기 좋다.

인왕산구간은 깔끔하고 걷기 좋게 새롭게 정비되었다. 우리는 인왕산 정상까지 등산을 하고 순성길로 하산했는데, 인왕산 정상에서 내려다보는 성곽길은 참 아름다웠다.

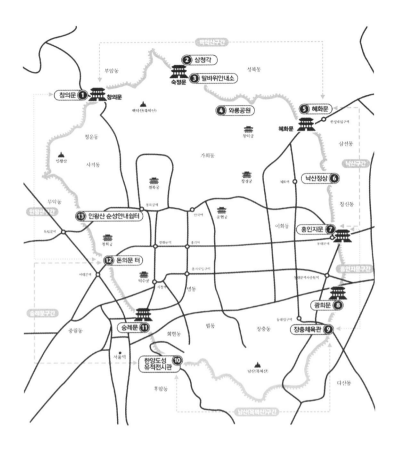

홈페이지에 미리 신청하면 해설사와 함께 한양도성을 둘러
보는 프로그램을 운영 중이며, 스탬프 투어도 진행하고 있으니
아이와 함께 걷고 완주 후에 배지도 받아보자.

한양도성 순성길 홈페이지
https://seoulcitywall.seoul.go.kr

서울과 가까우면서 사람이 적고 적당한 높이와 아기자기한 산세를 가진 편안한 등산로다. 심학산 정상까지 가는 길은 몇 가지가 있는데, 우리는 내려오며 심학산둘레길에 합류했다.

심학산은 울창한 숲과 걷기 좋은 등산로가 잘 조성되어 있다. 정상에도 전망 데크가 있어 한강과 임진강이 만나 서해로 흘러드는 시원스러운 풍광이 한눈에 들어온다. 사방이 탁 트여 날씨가 좋으면 일산과 파주, 한강과 임진강은 물론 북한까지 보일 정도다. 하산하는 길에 만난 인상적인 약천사도 심학산둘레길이 즐거운 이유다.

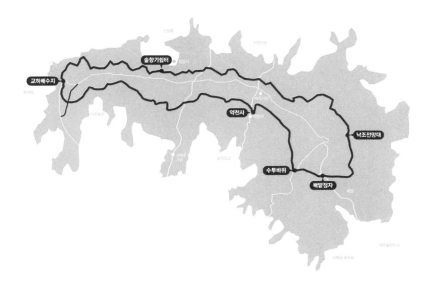

심학산둘레길은 DMZ 접경지역 김포, 고양, 파주, 연천 4개 시군을 잇는 총 12개 코스, 189km의 평화누리길의 하나다. 마을 안길, 논길, 제방길은 물론 해안철책과 한강하류, 임진강 등 생태와 역사 유적이 산재해 있는 길로 대한민국 최북단을 걸어볼 수 있다.

평화누리길도 스탬프 투어와 다양한 DMZ 행사가 진행되니 방문 전에 홈페이지를 통해 정보를 확인하고 가면 좋다. 전용 애플리케이션을 다운로드하면 지도는 물론 스탬프 투어까지 할 수 있다.

평화누리길 홈페이지
http://dmz.ggtour.or.kr

산에서 제대로
걷고 숨 쉬는 법

등산을 하다 보면 힘이 들어 숨이 턱까지 차오르곤 한다. 아이들이나 오랜만에 산을 찾은 사람들은 초반부터 너무 열심히 오르려는 경향이 있다. 그러다 보니 30분도 안 되어 주저앉고 싶을 만큼 지치게 된다. 힘이 들면 바로 앉을 곳을 찾게 되는데, 이때가 중요하다. 숨이 턱까지 차오르고 다리가 아프기 시작하면 쉬는 게 아니라 오르는 속도를 늦춰야 한다. 천천히 걸어서 고른 숨으로 돌아오게 하는 것이 방법이다.

산 선생님이 우리 첫째에게 가장 많이 한 말은 "천천히 가도 돼"였다. 사람마다 체력이 다르듯 걷는 속도도 다르다. 등산은 정상에 누가 빨리 오르나 경쟁을 하는 것이 아니다. 자신에게 맞는 걸음 속도와 호흡으로 오르는 것이다.

산에서 잘 걷는 사람은 사뿐사뿐 올라가고 내려온다. 그냥 걷는 것 같지만 보행법을 잘 익힌 사람이다. 보행법을 익혀두면 체력을 유지하면서 산에서의 즐거움을 찾으며 등산을 마칠 수 있다.

먼저 산에서는 어떤 길이더라도 발바닥 전체가 땅에 닿도록 걷는 것이 중요하다. 내딛는 발바닥에 몸의 중심을 옮기면서 손은 가볍게 흔들어 리듬감 있게 걷는다. 자세는 약간 앞으로 기울여 배낭을 상반신 전체로 받치는 느낌으로 걸으면 된다.

보통 평지에서 걸을 때는 발바닥 전체로 디딘 후 발뒤꿈치에서 앞쪽으로 체중이 실리도록 밀어주며 걷는다. 그런데 아이들은 발 앞쪽에만 힘을 실어 걷는 경우가 많다. 이러면 종아리와 허벅지에 부담이 커져 에너지가 더 많이 소모되고 헛디디거나 돌에 미끄러져 넘어지기 쉽다. 내려올 때도 역시 발 전체가 닿도록 한다. 앞쪽에만 힘을 주고 걸으면 다음 날 근육통으로 고생하거나 심하면 발톱에 멍이 든다.

평소 아이의 걸음걸이를 살펴보자. 등산 전에 발 전체가 닿도록 걷는 방법을 설명해주고 등산 도중 계속 살펴보아야 한다. 등산로가 험할수록 내딛고자 하는 방향을 눈으로 먼저 확인하고 발바닥

전체로 디딜 곳을 찾은 후 디뎌야 만일의 부상을 막을 수 있다.

습관인 걸음걸이를 하루아침에 바꾸는 것은 어렵다. 아이에게 미리 보행법을 알려주고 등산 중간중간 스스로 신경 쓸 수 있도록 이야기해준다.

등산 후유증, 근육통

높은 산에 다녀오면 근육통이 생긴다. 근육이 손상되어 통증을 느끼는 것이다. 근육 손상은 대부분 하산할 때 생긴다. 내려갈 때는 숨이 덜 차서 속도를 더 내거나 보폭을 더 넓혀 내려가는데 관절과 근육에 충격이 더해져 발생한다. 내려갈 때는 올라갈 때보다 보폭을 더 작게 하고 발 전체를 디뎌 부상과 근육통을 예방해야 한다.

급경사 계단이나 로프를 잡고 내려갈 때는 중심이 앞으로 쏠려 넘어질 수 있다. 내려가는 방향을 등지고 돌아선 채 로프나 계단 난간을 잡고 내려가는 것이 안전하다. 근육 손상이 생긴 채 정방향으로 걸으면 무릎 관절에도 나쁜 영향을 줄 수 있다.

아무리 보행법이 중요하다고 해서 바닥만 보고 걸을 수는 없다. 등산은 걷는 것도 중요하지만 걸으며 보이는 아름다운 자연 풍광도 놓칠 수 없다. 발 전체로 걷는 연습을 꾸준히 하면, 자연스럽게 걸으며 대화도 나누고 눈을 들어 풍경을 바라볼 수 있는 여유가 생길 것이다.

등산 중 호흡은 가급적 코로만 하는 것이 좋다. 코로 호흡을 해야 폐로 들어가는 공기가 데워지고, 먼지가 걸러지는 효과가 있다. 하지만 아이나 산행 초보자가 코로만 숨쉬기는 어렵다. 숨이 가빠지기 전에 코와 입 모두 사용해서라도 충분히 호흡하는 것이 더 중요하다.

호흡은 발을 디딜 때 숨을 뱉고 내딛기 전에 들이마시면서 천천히 부드럽게 한다. 급경사 구간을 오를 땐 코로 들이마시고 입으로 내쉬면서 오르는 발에 힘을 보태주는 것도 방법이다. 조금만 익숙해지면 누구나 쉽게 할 수 있으니 평지를 걸으며 연습해보자.

함께 간 사람의 빠른 속도에 맞추다 보면 나도 모르게 호흡이 증가해 숨이 찰 수 있다. 지나친 산소 섭취는 현기증을 일으키기도 한다. 힘이 들면 천천히 속도를 늦추고 편안한 호흡을 찾아 자신의 페이스를 유지하는 것이 좋다.

코로나19로 요즘에는 산에도 마스크를 쓰고 올라야 해서 여간 힘든 게 아니다. 산에 오르다 사람이 없고 나무가 울창한 곳에 도착하면 바로 마스크를 벗고 좋은 공기를 흠뻑 마시자. 다른 등산객을 만나기 전까지 즐기는 호사다.

페이스 조절,
정상까지 가는 밀당의 노하우

우리나라 산의 지형은 아주 다양하지만 등산로의 형태는 비슷하다. 보통 등산로 초입은 급격한 경사 없이 높낮이를 뚜렷이 느끼지 못할 정도로 완만하다. 편안하게 이어지는 길이 아이들이 걷기에도 적당하다. 하지만 오르막길이 나오고 10분도 채 지나지 않아 아이들은 쉬고 싶다며 자꾸 뒤를 돌아본다. 그때쯤 등산로에도 쉴 수 있는 공간이 나온다. 아이들은 조금만 힘들어지면 앉아서 쉬고 싶어 한다. 이런 참새 방앗간 같은 곳이 산을 오르는 내내 계속 나온다. 그때마다 쉬면 어떻게 될까?

당연히 목표했던 시간 안에 완등은 불가능해진다. 겨울같이 해가 짧을 때는 오르다 말고 중간에 내려와야 하는 경우도 있다. 이왕 등산하고자 나선 길인데 목표했던 곳에 가고 싶은 엄마는 애가 탄다.

원정대와 가까운 은평구 봉산에 올랐던 적이 있다. 동네 뒷산이라 강아지를 데리고 산책을 나오는 분들도 많았고 산 중간중간 운동 시설이 마련된 쉼터 공간이 꽤 많았다. 아이들은 산 중턱마다 나오는 운동 시설만 보면 달려가 매달렸다. 그때마다 강제 쉬는 시간이 되어 가져간 간식들을 야금야금 빼먹으며 천천히 올랐다. 낮고 완만한 경사의 편한 산길이었지만 등산을 마치고 내려오니 더 피곤했다. 에너지를 제대로 쓰지도 않고, 앉았다 쉬었다 반복했던 산행이 오히려 피곤했던 것이다.

전문가들은 등산로 입구에서 그 사람의 행동만 봐도 등산 초보자를 알아볼 수 있다고 한다. 두리번거리며 빠른 속도로 산을 오르다 얼마 지나지 않아 주저앉아 쉬는 사람은 대부분 초보자다. 빨리 걸어 떨어진 체력은 쉽게 회복되지 않아 오래 걷지 못하고 지쳐서 주저앉기를 반복하게 된다.

아이들과 등산하는 것도 비슷하다. 아이들의 체력은 어른들과 달리 쉽게 차올랐다 쉽게 사라진다. 그래서 어른들이 세심하게 페이스 조절을 해줘야 한다. 함께 등산하는 아이 중에 가장 체력이 떨어지는 아이를 기준으로 속도를 조절하다가 적당한 곳에서 다 함께 쉬는 것이 좋다. 아이가 어른을 따라오느라 무리하면 안 된다.

쉬는 타이밍은 아이의 컨디션을 보고 결정하지만 등산 중에

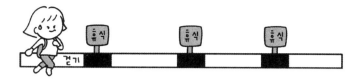

쉬는 횟수는 등산을 시작하기 전에 어느 정도 가늠해보는 것이 좋다. 전체 등산 시간을 파악하고, 몇 번 정도 쉴지, 식사는 어떻게 해결할 것인지 등을 머릿속에서 시뮬레이션해보자.

보통 정상까지 가는 동안 3~4번, 하산하는 동안 2~3번 정도 쉰다. 특히 초반에는 가능한 한 쉬지 않고 천천히 올라가야 한다. 준비운동을 하고 30분 동안은 쉬지 않고 오르는데, 이때가 몸에 시동을 거는 순간이다. 그래야 쉽게 지치지 않고 부상도 예방할 수 있다.

아이들이 잘 따라온다면 일행 중 가장 느린 사람이 뒤처지고 있지 않은지 확인하는 것도 필요하다. 걷는 동안 가장 느린 사람이 앞 사람과 사이가 벌어지면 앞에서 잠시 쉬는 시간을 갖고 속도를 조절한다. 뒤처졌던 사람이 도착하면 바로 출발하지 말고 그 사람이 충분히 쉬고 다시 출발할 수 있도록 배려하자. 계획한 시간에 맞춘 속도도 중요하지만 일행이 모두 함께 정상에 오르고 무사히 하산하는 것이 가장 중요하다.

산에서 나누는 대화의 기술

체력이 좋아 앞서간 둘째에게 등산은 몸을 쓰며 정상에 오른 성취의 과정으로 기억되지만, 첫째에게는 천천히 산을 오르며 엄마와 이야기했던 시간으로 기억되었다.

나는 첫째와 평소에 사소한 이야기를 자주 하는 편이었다. 그런데 친구와 보내는 시간의 즐거움을 알아버린 아이는 부쩍 말수가 줄고 전처럼 수다 시간을 내주지 않았다. 아이가 원하는 시간에 방문을 닫고 아이가 하고 싶은 이야기를 들어주는 정도로 만족해야 했다.

대화가 줄어드는 사춘기의 시작

아이가 커갈수록 어떻게 대화를 이끌어야 할지 난감했다. 어렸

을 때는 사소한 일들도 이
야기를 나누며 즐거운 시간
을 보냈는데 이제 잔소리꾼
엄마가 되어버린 것 같아
속상했다.

　다가오는 아이의 사춘
기를 어떻게 맞이해야 할지
걱정이 앞섰다. 말없이 사춘기를 보내며 부모와 대화의 창을 닫
아버린 나처럼 우리 아이도 그러면 어떡하나 싶었다. 아이 사춘
기를 혹독하게 보낸 내 친구는 모든 것을 자기 탓으로 돌렸다.
사춘기를 보내고 입시를 준비하는 아이를 둔 선배는 그저 기다
리면 아이들은 자신의 자리로 돌아온다고 했다.

　정말 아이를 믿고 기다리면 되는 것일까. 내가 뭔가 놓치고
있는 건 아닐까. 걱정이 커져갔지만 내가 할 수 있는 건 별로 없
었다.

산을 오르며 말문이 트이다

대화가 줄어든 우리 모녀에게 등산은 새로운 대화의 기회를 열
어주었다. 천천히 산을 오르는 첫째는 오르막을 올라가는 힘이
부족한 데다 주변에 신경을 쓰고 걷다 보니 걸음이 더 늦어졌
다. 자연스럽게 아이와 대화할 시간이 생겼다.

가파른 산을 오를 때는 올라가는 일에 집중해야 해서 아무 말 없이 걸었다. 조금 쉬운 길이 나오면 아이에게 넌지시 질문을 던진다.

"오늘 산은 지난번보다 얼마나 힘드니?"

"요즘 어때?"

"오랜만에 학교 가면 친구들이랑 뭐 하고 싶어?"

아이가 바로 대답할 수 없고 생각해야 하는 질문을 던지면 아이는 천천히 걸으며 대답한다. 그러면 우리의 대화는 이제 시작이다. "아침 일찍 나오느라 피곤했을 텐데 잘 따라와 줘서 고맙다"는 말도 잊지 않는다.

아이들은 사춘기가 시작되면 짜증이 늘고 방문을 닫고 자기만의 시간을 가지려고 한다. 억지로 아이를 끌어내어 대화를 시도하기보다 배낭을 메고 함께 산을 찾아보자. 굳이 어떤 말을 해야겠다고 생각하지 않아도 된다. 한 걸음씩 올라가며 우리 몸은 행복해지는 호르몬을 만들어내기 때문에 옆에 있어주기만 해도 아이 기분이 좋아질 것이다.

등산한 다음 날 혈액 내 베타 엔도르핀의 양을 측정하면 그 전보다 10~20% 상승한다는 연구 결과가 있다. 운동 후에 기분이 좋아지는 이유는 뇌에서 베타 엔도르핀 분비가 왕성해져 고통은 줄고 행복감이 커지는 상태가 되기 때문이다. 더불어 뇌 기능을 활성화시켜 만족감과 자신감, 스트레스에 대한 면역력을 키워준다. 이는 학업에 지친 청소년에게 도움을 줄 수 있다.

몇 번의 등산이 이어지고, 첫째는 예전처럼 고민을 이야기하기 시작했다. 하지만 나는 전처럼 참견하거나 나무라지 않았다. 산길을 걷느라 힘들기도 했거니와 아이는 그저 자신의 이야기를 들어주길 바랐던 것 같았기 때문이다.

보이지 않는 등산의 손길을 따라
발걸음을 옮겼을 뿐인데

등산은 함께 가지만 산을 걷는 것은 혼자 힘으로 하는 것이다. 누군가 같이 가줄 수는 있지만 대신 가줄 수는 없다. 등산은 오롯이 혼자서 설 수 있는 힘을 준다. 걸으며 혼자 생각할 시간도 준다. 그 자연스러운 생각 정리의 시간이 지난 뒤에 나누는 대화는 그 전의 대화와 다르다.

산에서 나누는 대화가 특별한 것이 아니다. 산을 오르는 순간을 아이와 함께하며 아이가 잘 걷는지 다치지는 않는지 자꾸 바라보며 하는 대화가 다른 것이다. 나의 온 신경을 집중하여 나누는 대화는 오로지 아이만을 위한 것일 테니까. 일상의 대화와 다른 이유다.

사춘기 소용돌이 앞에 선 아이는 얼마나 불안하고 혼란스러울까. 엄마가 옆에서 기꺼이 함께 걸어가 준다면 아이는 어떤 상황에서도 엄마의 손을 놓지 않을 것이다.

보이지 않는 등산의 손길을 따라 발걸음을 옮겼을 뿐인데 나

는 이제 아이에 대해 고민하지 않게 되었다. 아이를 믿고 아이와 함께 이겨낼 자신이 생겼다. 등산이 준 힘이다. 아이와 함께 보내며 더 큰 유대감도 갖게 되었다. 등산이란 새로운 경험을 소중한 딸들과 함께할 수 있어 감사하다.

말수가 줄어든 아이가 고민이라면 아이와 함께 산에 오르자. 천천히 한 걸음씩 내딛다 보면 아이도 엄마도 서로를 바라보며 하고 싶은 말들이 생길 것이다.

산에서
뭐 하고 놀지?

일주일에 하루지만 산에서 보내는 하루는 아이들의 오감을 채우고 감성을 충족시켜주었다. 우리가 산에 가서 무엇을 하고 놀았나 생각해보니, 내가 익히 알던 다양한 생태놀이와 자연놀이 같은 건 전혀 하지 않았음을 깨달았다.

우리는 산을 오르며 만나는 자연의 모습을 맘껏 즐겼고 자연 안에서 쉬고 웃었다. 땀을 흘리며 계속 걸었고 넘어지기도 했지만 결국 정상에 올랐다. 천천히 내려오다가 시냇물을 만나면 반가워했고 다람쥐를 만나면 인사했다.

누가 가르쳐주지 않아도 자연의 모든 게 놀이

산을 즐기는 데 특별한 방법이 있는 것은 아니다. 많은 생태학

자나 숲 해설가들은 입을 모아 바로 '자연'이면 된다고 이야기한다. 숲 체험을 떠나고 멀리 여행을 가는 것도 엄마가 아이에게 자연을 보여주고 싶어서다. 아이를 자연에서 놀게 하는 가장 큰 목적은 아이 자신도 생태계에 속한 하나의 자연물임을 깨닫게 만드는 것이다.

자연에서 보이는 모든 것을 가지고 아이들은 놀잇감을 만들고 놀이를 창조했다. 한여름 솔밭 캠핑장에서 솔방울과 나뭇가지로 친구를 만들어 긴 수다 타임을 갖기도 했고, '맹꽁이 출몰 지역'이란 안내판을 보고 맹꽁이를 찾겠다고 주변의 막대기를 모아 반나절을 뛰어다닌 적도 있다. 얼굴보다 큰 나뭇잎으로 가면을 만들어 가면무도회를 열기도 했고, 까만 돌로 흑미밥을 짓고 흙으로 떡을 만들어 한 상 차려준 적도 있다. 아직도 우리 집 화분에는 둘째가 여기저기 산과 강에서 데려온 돌들이 자리 잡고 있다. 엄마 눈엔 똑같아 보여도 돌마다 이름도 있고 고향도 있는 친구들이다.

맘대로 놀아도 괜찮아

처음 산에 가기 시작했을 때는 놀이 생각을 전혀 하지 못했다. 등산을 해서 정상에 다녀오는 것이 목적이었으니까. 등산 후 아이들이 좋아할 만한 곳에 들르거나 맛있는 것을 먹으며 아이들의 놀이 욕구를 충족시킬 생각이었다. 그러나 아이들은 산을 오르며 놀잇감을 찾았고 매번 놀이를 만들어냈다.

둘째 이우는 첫 산행을 도와준 긴 막대기를 버스정류장에 두고 오며 오열을 했다. 돌이나 진달래꽃과 낙엽들이 역할을 다 하고 내 주머니에서 발견된 적이 한두 번이 아니다.

인류학자 클로드 레비스트로스는 뭔가 쓸모 있다고 생각해 모아온 단편이나 바로 그 자리에서 얻을 수 있는 것을 모아 시행착오를 겪으며 최종적으로 새로운 사물을 만드는 사람을 '브리콜뢰르bricoleur'라고 했다. 스티븐 나흐마노비치도《놀이, 마르지 않는 창조의 샘》에서 "아이들이 노는 모습을 지켜보라. 땅에 떨어진 것들, 아침 식탁에서 주워들은 조각 정보들을 모아 놀이에 활용하는 훌륭한 브리콜뢰르들이다"라고 했다. 자연에서 노는 아이들은 누구나 브리콜뢰르가 된다.

어리든 혼자 놀기 좋아하든 아이들은 그 자리에서 놀거리를 찾는다. 엄마가 답이 정해져 있다는 듯 놀이를 제안하고 결정해 버리면 아이들은 스스로 놀잇감을 찾기보다 엄마에게 기대어 따라가는 것에 익숙해진다.

아이들의 놀이에 일일이 관여하기보다 살펴보며 부족하거나 과한 부분이 있으면 도움을 주는 정도면 된다. 아이들의 놀이는 아이들 스스로 결정하고 만들어내도록 한다.

숲 놀이에 익숙하지 않은 어린아이들이라면 엄마가 가이드라인을 만들어줄 수 있다. 연령별로 산에서 더욱 즐겁게 놀 수 있는 간단한 놀이법을 소개한다.

✦ 3세 이하

① 씨앗 날리기

민들레 홀씨를 입으로 후 불어서 누가 누가
멀리 날리나 시합을 해보자. 날개를 단 씨앗
을 가진 박주가리나 은단풍나무 씨앗도 놀이하
면 재미있다. 산에 가기 전에 박주가리의 생김새를 알고 가자.

② 솔방울 놀이

산에서 가장 찾기 쉬운 놀잇감은 솔방울이다. 어떤 산이나 쉽게
찾을 수 있어 많이 모아서 놀기에 좋다. 솔방울과 나뭇가지로
바닥에 그림을 그려도 좋고, 멀리 던지기 게임을 해도 좋다. 또
는 바닥에 떨어진 솔방울을 모아 소꿉놀이를 하거나, 물에 담그
면 작아졌다가 마르면 활짝 퍼지는 천연 가습기 솔방울의 모습
을 산에서 만들어볼 수도 있다.

✦ 미취학

① 루페로 들여다보기

생활용품점에서 저렴하게 구매 가능한 확대경 루페를 준비하
자. 나뭇잎이나 꽃 속을 루페로 들여다보면 신기해서 아이들과
이야기 나눌 것이 많아진다. 아이가 평소에 좋아하던 꽃이나 신
기하게 생긴 나뭇잎, 나무줄기 등을 들여다보면 눈으로 보는 것
과 달라 아이들이 무척 재밌어한다.

② 돌을 이용한 놀이

돌의 모양은 제각각이라 아이와 이야기를 나누며 놀기 좋다. 둥 그런 돌, 뾰족한 돌, 삼각형 돌, 길쭉한 돌들을 모아 모형도 만들 어보고 다른 점이 있는지 살펴보자. 산을 다니다 보면 흙의 색 도 산마다 다르고 돌의 재질도 특별한 곳이 있다. 산마다 있는 돌탑을 보며 아이와 함께 쌓아보거나 돌탑 위에 조 심스럽게 돌을 올려보는 것도 재밌다. 다 만 땅에 박힌 돌을 파내거나 돌을 던지 는 등의 행동은 조심해야 한다. 산과 등 산객에게 피해를 줄 수 있다.

✦ 초등 저학년

① 나무집 만들기

아이가 모아온 나뭇가지로 새 둥지를 만들어보자. 새들의 집처 럼 폭신한 바닥을 찾고 군데군데 꺾인 나뭇가지를 반듯하게 쌓 아본다. 생각보다 어렵지만 천천히 해본다. 아이가 좋아하는 작 은 인형을 가지고 간다면 새 둥지를 만들어 인형으로 역할 놀이 도 해볼 수 있다.

② 나뭇잎 공작

길 가다 예쁜 모양의 나뭇잎을 주워 귀여운 인형을 만들 수 있 다. 은행잎의 중간을 접으면 귀여운 생쥐가 되고 나뭇잎 두 개

를 잘 끼우면 멋진 부엉이도 만들 수 있다. 잘
그려지는 사인펜을 하나 준비해가면 알록달
록 단풍잎 공작소가 차려진다. 초등 저학년
교과서 《가을》에 나오는 낙엽 활동을 아이
와 함께 산에서 해볼 수 있다.

✦ 초등 고학년
① 낙엽 비 맞기

낙엽을 뿌리고 노는 건 누구나 즐거워하는 놀이다. 어린아이들
도 좋아하지만 고학년도 즐겁게 놀 수 있다. 낙엽이 크고 많은
곳에서는 조금 더 재밌게 놀 수 있다. 낙엽을 한 움큼씩 집어 머
리 위에서 뿌려보고 서로 던지며 놀아보자. 낙엽을 밟을 때의
소리도 비교하고 냄새도 맡아보자.

② 꽃 이름 찾기

산을 걷다가 만나는 다양한 꽃의 이름을 아이가 직접 찾아보게
하자. 산길을 수놓은 작은 들꽃을 키를 낮춰 바라보고 사진을 찍
어 이름을 찾아보는 과정은 자연에 대한 사랑과 호기심을 높여
준다.

직접 걸어봐야
비로소 보이는 것들

산은 우리의 역사와 함께해 왔다. 시대는 계속 바뀌었지만 산은 늘 그 자리에서 사람들을 바라보고 있었다. 그래서 산에 오르면 밖에서는 볼 수 없었던 문화 유적지와 이야기를 가진 풍경들을 만날 수 있다.

영화 <군도: 민란의 시대>를 보며 지리산 첩첩산중에 숨겨진 화전민 마을이 화면에 펼쳐질 때 이런 생각이 들었다. '옛날에는 산속에 저렇게 큰 마을이 있어도 그 안에 들어가기 전에는 정말 몰랐겠구나'라고 말이다. 시대별로 국난이 많았던 우리나라는 여러 전쟁이나 핍박을 피해 산으로 숨어 들어간 사람들이 많았다. 그래서 산속에 숨겨진 사찰이나 문화 유적지가 꽤 많다. 서울에서 쉽게 찾을 수 있는 아차산, 북한산, 도봉산, 관악산만 해도 삼국, 고려, 조선의 유적지들을 모두 만날 수 있다.

어디 그뿐인가. 소원을 이뤄주는 돌문 바위도 있고 기차 모양을 닮은 기차 바위, 쌀이 나온 구멍이 있다는 쌀바위도 있다. 산마다 이름이 있는 것도 신기한데, 산에서 만나는 진귀한 모양의 바위나 나무에도 다 이름과 이야기가 있다.

산속 사찰에는 오래된 이야기가 가득

산과 등산로에 대한 정보를 찾을 때 이런 이야기들도 조금만 알아보고 간다면 재미있는 시간을 만들 수 있다. 특히 산속 오래된 사찰에는 진귀한 보물이 많아서 미리 알고 가면 아이와 나눌 이야기가 풍성해진다. 종교를  떠나 산속에서 오랜 세월 풍파를 견디어온 역사적 가치를 지닌 유물로 바라본다면, 커다란 불상도 무서워 보이는 탱화도 자연과 어우러진 역사 체험의 하나가 되어줄 것이다.

사찰 내부의 탱화와 외부의 벽화를 보는 재미도 쏠쏠하다. 설명이 잘되어 있는 탱화에 비해 벽화는 설명이 없지만 불교 경전, 역사, 사상 등 의미가 깊다. 아이들이 특히나 무서워했던 지옥도는 사찰마다 대부분 있었는데, 덕분에 '바르게 살자'는 이야기를 덤으로 해줄 수 있었다.

산에서 성곽과 성문을 만나기도 한다. 특히 서울 주변의 산에서는 수도를 지켜온 성곽의 흔적을 쉽게 찾아볼 수 있다. 좁은 등산로와 달리 성곽을 따라서는 잘 다듬어진 길이 완만하게 이어져 있다. 잠시 쉬면서 그 길을 느껴보는 것도 좋다.

산 중턱에는 묘역길이나 능과 묘도 꽤 많다. 처음 산에서 묘를 만나면 무서울 수 있다. 자주 볼 수 있는 풍경이 아니고 무덤이 곳곳에 있으니 아이들 눈에는 무서워 보인다.

산을 오르다 유명한 능을 만나면 안내문을 간단히 설명해주면 좋다. 아이와 몇 번 산에 다니다 보면 그것도 하나의 풍경처럼 지나치게 된다. 묘도 우리네 삶의 한 부분이니까.

걸으면 비로소 보이는 오래된 이야기를 품고 있는 유적지, 유서 깊은 사찰과 문화재 덕분에 등산은 지루할 틈이 없다. 알고 가면 더 많이 보이고 모르고 가도 편안한 분위기의 사찰에서 잠시 쉬면서 잔잔한 감동을 받을 수 있다. 산에서 만나게 되는 모든 것들은 그대로 감동이며 등산의 또 다른 즐거움이다.

등산 스틱
제대로 사용하기

요즘은 가벼운 트레킹을 가도 양손에 등산용 스틱을 쥔 등산객을 쉽게 만난다. 고백하건대 등산 스틱의 장점과 사용법을 제대로 몰랐을 때는 튼튼한 지팡이 정도로만 생각했었다. 등산 스틱의 사용법을 익히고 1천 미터가 넘는 산을 다녀오고 나서야 덕분에 무릎의 통증이 확실히 줄었다는 사실을 깨닫게 되었다.

등산 스틱은 용도가 단순한 데 비해 효과가 크다. 힘든 오르막에서 고통과 체력 소모를 줄여주고 미끄럼을 방지해준다. 또한 무릎 관절과 척추에 전해지는 하중을 분산시켜 관절과 다리를 보호해준다. 험한 길에서 몸의 균형을 잡아주기도 한다. 젖은 낙엽이나 녹기 시작하는 흙에서 미끄러질 때 등산 스틱이 있으면 큰 사고를 막을 수 있다.

등산 스틱의 구조는 손으로 잡는 부분인 그립, 손에서 떨어지는 것을 방지해주는 스틱의 가장 중요한 부분인 스트랩, 스틱의 몸체인 폴, 충격 흡수 효과를 위한 완충장치, 스틱의 길이를 조절하고 고정하는 잠금장치, 스틱이 틈새나 눈 속에 끼지 않도록 막아주는 바스켓, 흙이나 돌을 짚어도 미끄러지지 않게 잡아주는 스파이크로 되어 있다.

등산 스틱을 잡을 때는 손을 스트랩 밑에서 위로 넣은 다음 손바닥으로 스트랩을 눌러 손목에 걸리게 한다. 끈을 손목에 맞게 조여준 후 그립을 잡는다. 스틱을 쥐는 것이 아니라 손목에 걸고 오른다고 생각하면 된다.

스틱의 길이는 똑바로 서서 그립을 잡았을 때 팔꿈치 각도가 직각이 되면 적당하다. 폴의 길이는 평지를 걸을 때는 짧게, 오

르막은 중간, 내리막에서는 길게 조절하는 것이 좋지만, 산의 고도는 계속 변하기 때문에 그때마다 길이를 조절하기는 어렵다. 팔꿈치가 직각이 되도록 잡았다면 하산 시에 살짝 늘려주는 정도면 충분하다.

등산 스틱 사용법은 생각보다 간단하지만 효과적으로 정확하게 사용하기는 쉽지 않다. 지팡이 짚듯이 사용하는 것이 익숙해서 처음 사용하면 거추장스럽고 도움이 되는 느낌이 전혀 들지 않는다.

평지와 완만한 경사에서는 평소 걷는 대로 나가는 발과 반대 팔이 자연스럽게 앞으로 나아가도록 걷는다. 스틱을 잡은 팔이 발보다 20~30cm 뒤에 짚어서 밀어주듯이 걸으면 된다. 오른발이 나갈 때 왼팔의 스틱이 나가는 식이다. 상체를 사용해 다리의 부담을 덜어주며 전신의 힘을 효율적으로 분배해 절약하게

만든다. 너무 의식해서 걸으면 부자연스러운 동작이 되어 불편해진다. 자연스럽게 걸으면서 스틱을 잡은 손으로 밀어주듯이 걸어보자.

가파른 오르막에서는 스틱 두 개를 조금 높게 짚고 스틱에 몸을 살짝 기대듯이 무게중심을 옮기고 다리로 일어서며 스틱을 밀어 올라가면 덜 힘들다. 완만한 내리막에서는 평지 걷듯이

스틱의 스트랩에 지지하며 내려오면 무릎에 부담이 덜 간다. 급경사 내리막에서는 두 개의 스틱을 모두 앞쪽에 두고 스틱에 살짝 기대듯이 내려오면 된다. 하산 시 너무 스틱에 의지하다 보면 스틱이 휠 수도 있고 몸이 고꾸라질 수도 있으니 무게중심을 이동시키는 정도만 기댄다.

등산 스틱은 몸무게를 지탱하고 하산 시 몸이 받는 충격을 흡수할 수 있어야 하므로, 자신에게 맞는 길이와 소재를 선택해야 한다. 그리고 반드시 2개를 함께 사용해야 하고 바위틈이나 나무 틈새에 스틱이 끼지 않도록 바스켓도 꼭 장착하는 것이 좋다.

등산 스틱의 주의사항도 잘 익혀두기

등산 스틱은 유용한 만큼 위험한 도구이다. 사용법을 제대로 알지 못하면 무릎을 보호하려다 손목이 다치는 경우도 있고, 힘이 부족해서 오히려 미끄러지기 쉽다.

등산 스틱은 길고 끝이 날카롭기 때문에 이동이나 보관 시 조심스럽게 관리해 주변의 등산객에게 피해가 가지 않도록 주의한다. 산을 올라오는 동안 스틱이 느슨해졌을 수 있으니 하산 전 미리 한 번 더 점검해야 한다.

또 스틱으로 사람을 끌어당기는 일은 하지 않는다. 2~3단으로 분리되는 스틱에 힘을 실어 사람을 끌어올리다가 스틱이 빠져 더 큰 사고를 일으킬 수 있다. 아이들끼리 스틱을 가지고 놀다가 상처를 내는 경우도 흔하게 발생하므로 주의한다. 뾰족한 스틱이 산길을 찔러 등산로를 망가뜨린다고 생각해 스틱 사용을 지양하는 등산객도 있으므로 필요한 만큼만 사용하자.

계절별 산을
무사히 즐기는 법

산은 계절마다 새로운 모습을 보여준다. 사계절 내내 다른 모습이라 언제 가도 새롭다. 계절별로 즐기는 법과 조심해야 할 것을 알아두면 등산에 대한 두려움이 줄어든다. 계절별 등산 시 유의사항을 참고하자.

✦ 봄바람이 불어도 산은 아직 겨울, 봄산

봄은 겨우내 움츠렸던 꽃망울이 여기저기 보이고 봄바람이 불어 등산하기 좋은 계절이라 생각할 수 있다. 하지만 막상 산에 오르면 봄의 기운이 아직 이르다. 낮 동안 햇볕에 녹은 얼음이 밤에 다시 얼기를 반복하는 해빙기이기 때문이다.

원정대가 3월 초 심학산에 갔을 때다. 따사로운 햇살과 걷기 좋은 등산로 덕에 즐거운 산행을 했지만 하산하다 진흙탕으로 변한 길을 내려오느라 고생한 적이 있다. 얼었던 땅이 녹으면서 산에서 내려오던 물과 만나 등산로가 진흙탕으로 변했던 것.

특히 이 계절에는 편하고 아는 길이라도 가급적 사람들이 다니는 길로 다니고 녹은 땅에 미끄러지지 않도록 조심한다. 얼음이 녹으면서 낙석이 발생하기도 하고, 해가 들지 않는 그늘엔 아직 얼음이 남아 있을 수 있다.

봄은 아름답지만 등산하기엔 까다로운 계절이다. 두꺼운 외투를 벗기도, 얇은 점퍼만 입기도 애매하다. 일교차가 크고, 산에서는 체감온도가 더 떨어진다. 보온성이 좋은 옷을 입고 여분의 보온 옷도 챙겨가는 것이 좋다. 모자와 장갑도 체온을 높이는 데 도움이 되므로 가급적 착용한다.

✦ 뜨거운 태양과 변덕스러운 날씨 그리고 벌레, 여름산

여름 등산의 묘미는 산속에서 느끼는 청량감이다. 산은 100미터 높아질 때마다 기온이 0.6도씩 낮아진다. 산의 나무들이 햇빛을 막아주고 바람을 만들어 체감온도는 더 떨어지기 때문에 도심보다 선선하다. 등산로 초입부터 중턱까지는 일사병이나 열사병에 걸릴 만큼 뜨겁지만 산 중턱부터 정상은 기온 차가 나 체온이 쉽게 떨어질 수 있다. 또한 날씨가 변덕스러워 갑자기 소나기가 내릴 수도 있다.

여름철 등산에는 강한 햇볕을 막아줄 선글라스와 모자, 손수건 등을 챙기고 온도 차를 대비해 통풍과 방습이 되는 옷차림을 하자. 아이들은 땀이 훨씬 많이 자주 나므로 여벌 옷을 챙겨가는 것도 좋다. 땀을 많이 흘려 수분이 부족하면 체온조절이 더 어려워지니 물을 충분히 마시고 짭짤한 간식도 준비해 염분 보충에 신경 써야 한다.

여름의 불청객 벌레는 여름산의 매력을 떨어뜨린다. 산이나 둘레길 어디나 모기와 진드기, 벌 등이 많다. 그래도 긴팔을 입고 벌레 퇴치제를 준비해 뿌리면 무사히 다녀올 수 있다. 여름에 방문한 휴양림에서 숲 체험을 했는데, 산 모기가 많은 것을 대비해 긴 양말과 운동화, 긴바지와 바람막이를 준비했다. 함께 체험한 분들은 반바지에 반팔 차림이라 엄청난 모기의 공격을 받아야 했다. 벌레 퇴치제만으로는 산에서 달려드는 모기를 다 감당하기 어렵다. 가급적 여름에도 산에 갈 때는 긴팔 옷을 입는 것이 좋다.

과일이나 단맛이 나는 음료는 벌이나 개미 등이 꼬일 수 있으니 여름산에서는 자제하는 것이 좋다.

✦ 화려한 단풍과 짧아진 해, 가을산

어디를 가도 좋은 계절 가을. 특히 여러 빛깔 옷으로 갈아입은 산의 풍경은 가을이 절정이다. 하지만 아름다운 모습에 취해 산에서 시간을 지체하면 하산하는 동안 금세 어두워진다. 산에서는 일몰 시간이 더 빠르게 느껴지는 데다 해가 지면 갑자기 기온 차가 10도 이상 벌어진다.

등산 및 하산하는 시간을 미리 파악하고, 보온성을 갖춘 여벌 옷을 챙겨간다. 보온병에 따뜻한 물을 준비해 추운 기운이 돌 때 마시는 것도 체온을 유지하는 좋은 방법이다. 또한 하산 시에 어두워질 것을 대비해 랜턴과 비상 간식을 챙기는 것도 잊지 말자.

가을 억새가 멋진 울산 간월산 정상 인근에 억새밭과 휴게소가 있다. 컵라면을 하나 챙겨 먹고 억새밭에서 사진을 찍고 쉬다 보니 시간이 훌쩍 지났다. 서둘러 정상에 올랐다가 하산을 하는데 일몰 시간이 남았음에도 산속에는 햇빛이 비추질 않아 춥고 어두웠다. 산에서는 어둠이 빨리 찾아온다는 말을 실감한 순간이었다.

가을철 벌은 독이 강하고 난폭하기 때문에 향수와 진한 화장 등을 자제해야 한다. 동면을 앞둔 뱀도 만나기 쉬우므로 등산로가 아닌 길로는 가지 않는 것이 좋다. 풀숲에 옷을 벗어두거나 아무 데나 앉지 말고 방석이나 돗자리를 사용한다. 탐스럽게 익은 열매나 농작물도 함부로 먹거나 만지지 말고 준비해간 음식과 물만 먹는 것이 안전을 위한 일이다.

아이들과 눈 덮인 겨울산을 갈 일이 많지 않겠지만, 겨울에도 등산은 할 수 있다. 겨울 등산의 가장 중요한 부분은 체온 유지다. 등산을 시작하면 금방 더워지더라도 겨울에는 보온에 탁월한 소재의 겉옷을 입고 기능성 내의를 비롯해 옷을 여러 겹 겹쳐 입는 것을 추천한다.

겨울 등산 시 발에 땀이 나면 동상에 걸릴 수 있으니 여분의 양말을 챙겨 갈아 신는 것이 좋다. 방수 장갑이나 방수 모자가 있으면 도움이 되고, 발에 냉기가 들어오는 것을 막아주는 스패츠와 보온병, 핫팩, 멀티스카프 등의 보온용품도 챙기자.

열심히 준비했더라도 그날 아침 기상예보를 보고 눈이 오거나 너무 추우면 다음으로 연기하는 것이 좋다. 아이들과 산에 갈 때는 날씨의 영향을 크게 받는다. 특히 겨울산은 해가 있고 없음에 체감온도 차이가 크므로 날씨에 민감할 필요가 있다.

또한 겨울산에는 곳곳에 얼음이 얼어 있다. 눈에 잘 보이지 않는 낙엽 밑이 얼었을 수 있으므로 아이들도 보폭을 좁게 걷고 뛰지 않아야 한다. 등산 스틱으로 얼음이 있는지 확인하고 가는 것도 도움이 된다.

겨울에 아이들과 산에 간다면 경사가 심한 산보다는 둘레길처럼 완만하고 넓으며 위험 요소가 적은 걷기 좋은 곳을 추천한다.

알면 요긴한
조난 대비의 기술

산에서 언제 닥칠지 모를 위험에 대해 미리 인지하고 대비한다면 막상 어려운 일이 생겼을 때 대처할 수 있게 된다. 산에서 생기는 위험은 알고 있으면 해결할 수 있는 일이 꽤 많다.

조난이란 등산 중에 재난을 만나는 것을 말한다. 원인으로는 자연적인 것과 인위적인 것이 있다. 자연적인 것은 추위, 바람, 낙석, 눈사태 등 자연환경에 의한 것이고, 인위적인 것은 무리한 체력 소모로 인한 탈진과 저체온증, 실족 및 찰과상 등이 있다. 그중 아이와 함께 산에 갔을 때 생길 수 있는 조난에 대해 정리해보고자 한다.

✦ 낙석 등 등산로의 위험
등산로에 가장 많은 위험 표시는 '낙석주의'다. 낙석은 암벽이나 바위에서 등산로로 돌이 떨어지는 것으로, 낙석 사고가 가장 많은 때는 봄철 해빙기와 여름 장마철이다. 바위 틈새에 얼었던 눈이나 얼음이 녹으며 암석의 일부가 함께 떨어지거나, 여름 장마철 호우가 내린 다음 바위에서 떨어져 나온 돌이 떨어지는 것이다.

이 시기에는 협곡이나 바위 밑을 지날 때 각별히 주의해야 한다. 그런데 이보다 더 위험한 것이 앞서간 등산객에 의해 떨어진 낙석이다. 다행히 밑에 사람이 없다면 괜찮지만 만약 뒤따르던 사람이 있으면 큰 사고로 이어질 수 있다. 아이들이 바위를 밟고 오를 때도 조심해야 한다. 낙석 사고가 많이 일어나는 우중 산행이나 폭우 다음 날에는 등산을 자제하는 것이 좋다.

✦ 야생동물의 위험

우리 눈에는 안 보여도 산에는 위험한 야생동물이 산다. 아이들과 산에 갈 때 신경 쓰이는 부분 중에 하나지만, 먼저 공격하는 경우는 거의 없으니 크게 걱정하진 않아도 된다.

가장 쉽게 만날 수 있는 것이 뱀이다. 아이들과 함께 갔던 파주 비학산과 연천 고대산에서 갑자기 나타나 소스라치게 놀랐던 적이 있다. 뱀은 예민해서 사람들이 다니는 길에 잘 나타나지 않는데, 비가 온 다음 날 바위 위에서 몸을 말리려고 나온 뱀이나 겨울잠을 자기 전 활동적인 뱀을 산에서 만날 확률이 높다. 뱀은 보통 천천히 이동하지만 공격할 때는 매우 빠르게 다가온다. 자기 영역을 침범하지 않으면 먼저 공격하지 않고 피한다.

뱀을 만났다면 놀라서 소리를 크게 지르거나 위험한 행동을 하지 말고 지나가기를 가만히 기다린다. 또는 우회해서 이동하는 것이 좋다.

산에서 만날 수 있는 가장 큰 야생동물은 멧돼지다. 먼저 사람을 공격하지는 않으나 식량이 없어 굶주렸거나 상처를 입었을 때 혹은 새끼를 건드렸을 때는 공격할 수 있다. 멧돼지를 만났을 때도 못 본 척 지나가도록 하자.

최근에는 산에 버려진 유기견들이 들개로 자라 등산로 주변을 어슬렁거리기도 한다. 사람의 관심을 받았던 동물이라 사람을 두려워하지 않고 굶주리면 공격할 수도 있다. 산에서 만나면 꽤 위험하다. 북한산 하산 중에 커다란 들개를 만나 한바탕 난리가 난 적이 있다. 개를 좋아하는 아이들과 무서워하는 아이가 각자 소리를 지르고 도망가는 해프닝이 있었는데 결국 개를 무서워하는 아이를 안고 내려와야 했다. 개를 좋아하는 아이들의 경우 산에서 다가온 개를 만지거나 먹이를 줄 수 있는데 애완견처럼 관리되지 않기 때문에 가급적 피하는 것이 좋다.

✦ 실족 및 찰과상의 위험

산에서 잘못 헛디뎌 발목을 삐끗하는 사고는 흔하게 발생한다. 특히 하산할 때 많이 일어나는데 심하지 않다면 잠시 쉬면 나아진다. 하지만 부어오르거나 극한 통증이 생겼을 때는 다친 부위를 움직이지 않게 고정해야 한다. 통증을 줄이기 위해 관절을 주무르거나 마사지하면 더욱 위험해질 수 있다.

붕대 같은 응급처치 용품이 없다면 가지고 간 방석으로 다친 발목을 움직이지 않도록 감싼 뒤 등산화 끈 등으로 고정을 한다. 여벌 상의로 감싸 마무리한 후 천천히 하산한다. 최대한 빨리 구조 요청을 하거나 일행이 돌아가며 업고 내려와 병원 진료를 받는 것이 안전하다.

파주 감악산에 갔을 때다. 원정대 아이들의 컨디션상 정상까지 가는 것은 무리라 판단해 능선을 타고 하산하는 중이었다. 하산하는 길은 등산로보다 더 험했는데 둘째가 넘어지며 다리에 통증이 생겼다. 가파른 하산 길에 아이 한 명씩 손을 잡고 내려가야 하는 상황이라 참 난감했다. 다행히 지인과 산 선생님이 아이를 번갈아 업고 무사히 하산할 수 있었다. 실족은 순간의 실수로 누구나 생길 수 있으므로 산에서는 특히나 조심해야 한다.

등산 중 넘어지거나 긁혀서 찰과상이 생기는 일도 빈번하다. 상처 부위를 깨끗한 물로 씻어낸 뒤 준비해간 소독약과 연고를 바르고 거즈나 붕대를 감싸주면 된다. 아이들과 갈 때는 비상약이 필수다.

✦ 산에서의 구조 요청 및 응급처치 방법

산에서 사고가 생겼을 때는 바로 119에 전
화해 구조를 요청해야 한다. 신고할 때는
현재의 위치를 확인해서 제대로 설명하는
것이 중요하다. 주변의 '산행 위치 표시목'
을 찾아 위치를 알려준다. 산행 위치 표시
목은 긴급 신고 및 구조 요청 편의를 위해
탐방로상 250~500m 간격으로 설치되었다.

표시목이 눈에 안 띈다면 산행지의 지도나 애플리케이션의
현재 위치를 찾으면 된다. 주변의 산장이나 사찰에 도움을 청하
거나 전화기를 빌려 구조 요청을 하는 방법도 있다.

아이가 사고 나면 부모나 보호자가 더욱 놀라고 경황이 없기
마련이다. 하지만 산에서는 바로 조치 받기 어려울 수 있으므로
침착하게 응급처치와 수습을 하는 것이 필요하다.

또한 구조 요청 시 아래의 사항을 미리 알려야 신속하고 효
율적인 도움을 받을 수 있으니 알아두자.

① 조난자의 성명, 주민등록번호, 나이, 성별, 혈액형, 주소, 직업,
   전화번호, 소속 단체
② 사고 발생(발견) 일시, 원인, 장소, 의식 여부, 부상 부위 정도, 처
   치 정도, 의사 필요 유무
③ 장비, 식량 상황, 추후의 행동 계획 등

바위산의
로프 잡는 요령

산에 설치된 고정로프는 바위산의 위험한 구간에서 사고를 예방한다. 일반적으로 수직의 암벽, 가파른 능선 등 이동하기 어려운 장소에 설치된다. 일반 등산객과 아이들은 바위산을 오르내릴 때 이 로프의 도움을 받으면 수월하게 이동할 수 있다.

북한산 원효봉을 오를 때 커다란 바위산인 원효대 앞에서 고정로프를 잡고 천천히 올라간 적이 있다. 원정대 아이들 모두 그 정도로 커다란 바위는 처음이라 다들 조심스럽게 올라갔다. 하지만 어른들의 우려와 달리 아이들은 씩씩했고 고정로프와 손잡이를 잡고 무사히 정상까지 올라갔다.

등산로에는 어른 키보다 약간 큰 바위를 만나도 누구나 쉽게 오를 수 있도록 로프가 연결되어 있다. 등산 스틱을 가진 어른들은 그 고정로프를 잡지 않아도 쉽게 오를 수 있는 높이지만, 아이들이나 키 작은 사람들은 한 발로 오르기 조금 부담스러운 구간이다. 그때 하늘에서 내려온 동아줄처럼 로프가 매어져 있으니 참 반갑다. 산을 오르다 보면 이런 작은 배려를 만날 때가 종종 있다. 누군가의 배려에 마음이 따스해지는 순간이다.

고정로프는 등산로를 구분하기 위해 손잡이 대신 설치하기도 한다. 위험한 바위에서 미끄러지는 것을 방지하고 올라가고 내려올 때 힘든 등산객의 든든한 손잡이가 되어준다. 특히 하산 시에 도움이 된다. 로프를 잡고 내려올 때는 걷는 데 방해가 되지 않는 방향으로 잡고 천천히 내려와야 한다. 다리에 무리가 가서 힘든 상황이라면 로프를 잡고 45도 정도 몸을 비틀어 거꾸로 내려가듯 내려오면 미끄러지지 않고 다리도 덜 힘들다.

로프를 잡을 때는 손을 다치기 쉽다. 등산로에 고정되어 있다 보니 눈, 비, 얼음에 젖거나 직사광선을 쬐면서 로프가 낡아서 해진다. 맨손으로 잡으면 때때로 손에 상처가 날 수 있다. 이때는 등산용 장갑이나 미끄럼 방지가 되는 장갑을 끼는 것이 좋다. 특히 겨울철에는 아이의 손이 다칠 수 있으므로 등산 장갑은 필수다.

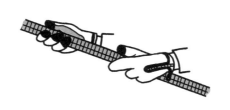

포기는
또 하나의 선택

아이를 데리고 등산을 하는 많은 부모가 아이에게도 정상에 오르는 성취감을 맛보게 해주고 싶을 것이다.

하지만 아이와 등산을 하는 목적이 단지 정상에 오르는 것이어서는 안 된다. 평소 접해볼 수 없는 상황에서 정상까지 오르는 힘겨운 과정을 극복하며 결국 성취해내는 모습이 더 중요하다. 그러므로 등산의 목적은 정상에 오르는 것이 아니라 무사히 하산하는 것으로 잡아야 한다.

원정대는 열두 번의 산행에서 정상에 못 간 적이 몇 번 있었다. 처음부터 정상이 목적이 아니었거나, 급해진 화장실을 찾느라 하산했거나, 예상보다 등산로가 험해 오르는 시간이 지체되어 우회로를 선택해 내려온 경우였다. 하지만 우리는 그것을 포기라고 여기지 않았다. 그저 산에서 닥친 어려움을 극복하고 무사히 하산하기 위한 또 하나의 선택이었다.

원효봉 아래서 내린 결정

북한산 원효봉 코앞의 커다란 바위 아래에서 올라갔다 내려왔다를 반복하다 울음보를 터뜨린 첫째 이은이는 산 선생님의 격려와 믿음, 친구들에 대한 미안함, 할 수 있다는 자신과의 다짐이 교차하는 순간, 이를 악물고 바위에 올랐다.

바위를 건너 남은 산을 오르자 눈앞에 펼쳐진 풍광은 지금까지의 어떤 산들보다 황홀했을 것이다. 아이는 산 정상에 올라 바위에 앉지도 않고 휴대폰을 꺼내 연신 사진을 찍으며 그 순간을 만끽했다. 아마도 함께 간 다섯 명의 아이 중에서 가장 뿌듯했을 테고 가장 값진 깨달음도 얻었을 것이다.

만약 그날 원효봉 바위 아래에서 울다가 원효봉까지 못 갔다면 첫째는 어떤 마음이 들었을까? 같이 간 원정대원들은 또 어땠을까? 이은이는 본인을 실패자 혹은 루저라 여겼을까?

아니다. 나의 물음에 아이는 이렇게 대답했다.

"친구들에게 미안했을 거예요. 그래도 다음에 다시 가자고 했을 거 같아요."

그날 정상에 오르지 못했다 하더라도 아이는 자신을 실패자로 여기지 않았을 것이다. 다만 그날 무서워 오르지 못했을 뿐 다음에 다시 도전하자고 이야기했을 것이다.

아이들은 엄마의 생각보다 늘 한 뼘씩 더 자라 있다. 엄마가 지레 겁먹고 피하고자 했다면 아이는 그 성취감을 경험하지 못하고 다음 도전에 대한 열망도 갖지 못했을 것이다.

산에서 포기는 없다

아이와 산에 갈 때는 아이가 중간에 싫다고 할 수도 있고 지쳐서 못 가는 경우도 생길 수 있다. 목표를 완등으로 세우고 마지막까지 최선을 다하는 것과 힘들면 바로 뒤돌아 내려오는 것은 분명 다르다.

하지만 다행스럽게도 산은 그 자리에서 다음을 기다려준다. 아이의 의지가 있다면 기회는 다시 만들 수 있다. 연습을 통해 충분히 달라질 수 있다. 등산에서 배운 실패의 경험은 아이에게 좌절이나 죄책감을 주지 않는다. 등산은 아이에게 포기에 대한 두려움도 주지 않는다.

오히려 엄마의 완등 욕심에 힘이 빠지거나 두려운 아이를 억지로 끌고 등산을 계속한다면 타이밍을 놓쳐 크게 다칠 수도 있고 다음 등산에 대한 의욕이 사라져버릴 수도 있다.

산에서는 냉정하게 결정을 해야 하는 순간이 온다. 지나치게 안전함을 추구하다 보면 등산 실력이 늘기 어렵겠지만, 적절한 타이밍에 포기하고 다음을 기약할 줄도 알아야 한다. 그때 중요한 것은 완등이나 결과에 대한 집착이 아니라 내 아이와 더 오래 건강하고 즐겁게 등산하겠다는 믿음이다.

　원정대 리더였던 곽정혜 선생님은 자신의 책에서 이런 말을 했다.

> 그 유명한 프랑스의 등반가 모리스 에르조그의 말을 떠올리며, 내 인생에도 앞으로 무수한 에베레스트들이 나를 기다리고 있을 것이다. 지금 잠시 넘어졌다고 해서 다시 일어나지 않는다면, 그것이야말로 진짜 실패일 터. 실수는 할지언정 실패하는 삶을 살고 싶지는 않았다. 다시 이를 악물고 살아봐야겠다고 생각했다(《선택, 스물여섯 청춘의 에베레스트》, 곽정혜, 종이와봇, 2016).

　등산을 인생에 비유하는 이유는 오르막 내리막 고통의 순간을 견디고 시작과 마무리, 성취와 포기가 모두 자신의 선택으로 비롯되기 때문이다. 연습이 없는 인생에서 누구나 실수할 수 있고 때론 포기할 수도 있다. 등산도 마찬가지다.

　아이와 함께 등산하며 실수와 포기, 실패와 좌절을 맛보게 하자. 그 안에서 울고 힘들어하며 다음을 기약하고 다시 도전하는 용기를 배울 수 있으면 된다. 우리는 아이의 그런 결정들을 그저 옆에서 지켜봐 주며 응원하고 함께 걸어주면 된다.

산마다
기운이 다르다

아침 9시쯤 아이들을 데리고 등산을 나서면 오후 2~3시쯤 마무리된다. 정상에서 시간을 더 보내거나 산이 좀 험해서 천천히 올랐다가 내려오면 시간이 조금 더 지체되기도 한다. 원정대는 가벼운 등산 후에 근처의 문화시설을 둘러보거나 체험 활동을 하곤 했는데 특별하게 힘들거나 지쳤던 적이 없었다. 서울 인근의 산을 방문했던 그때 단 한 번을 빼고는 말이다.

미스터리 스릴러 같았던 산

오래된 공원을 지나 등산로 입구를 찾는데 인터넷에 나온 정보와 달라 산 선생님과 지인의 의견이 갈렸다. 올라가는 내내 등산객은 단 한 명도 찾을 수 없었고, 등산로가 제대로 보이지도 않았다. 꼼꼼한 지도 탐색과 산 선생님의 감, 앞서간 지인의 발품이 더해져 없어진 등산로를 찾아가며 우리의 산행은 지속되었다. 희미해진 등산로 곳곳에 쓰러진 나무들을 장애물 넘기 하듯 넘어가길 여러 번. 융단처럼 깔린 나뭇잎은 밟으면 자꾸 미끄러졌다. 분명 진달래가 흐드러지게 핀 봄날인데 산의 분위기는 스산하기 그지없었다.

거의 정상인가 싶었을 때 나타난 오래된 나무 계단. 아이들이 먼저 오르고 마지막으로 내가 오르는데 파스스 계단이 으스러진다. '관리가 정말 안 되는 등산로구나' 생각하며 계단을 올랐다. 지도에 분명히 나와 있는 천문대 옆까지 올랐는데, 평일 낮임에도 철문이 굳건히 닫혀 있고 인기척은 전혀 느껴지지 않았다. 철창과 자물쇠, 건물의 깨진 유리를 보니 순간 섬뜩했지만 내색하지 않고 발걸음을 재촉했다.

힘든 끝에 도착한 정상에서도 썩 좋은 느낌을 받지 못한 채 우리는 서둘러 내려왔다. 능선을 따라 하산을 하는데 없어진 등산로를 걷는 우리를 누군가 보고 있는 것처럼 방송이 들려왔다.

"여기는 등산로가 아닌 군사시설이 있는 곳입니다. 어서 하산하십시오!"

길게 줄 서서 한 명씩 내려가는 내내 이 소리는 끝나지 않고 계속되었다.

거의 다 내려오자 새로 지어진 듯 말끔한 사찰이 보였다. 보통 사찰을 만나면 화장실도 들를 겸 경내를 둘러보는데 사찰이 아닌 사찰 수목장이었다. 조용히 아이들을 데리고 하산을 마치려는데 마을의 분위기도 좀 이상야릇했다. 분명 내가 아는 서울 인근의 계곡 관광지였던 곳인데 한 정치인의 지지자들의 마을로 변모되어 있었다. 평일 낮이라 그런지 전혀 인적도 없고 흔한 동네 슈퍼도 없어 아이들의 원성이 높아져 갔다. 전과 다르게 아이들도 티격태격, 어른들도 괜스레 말이 줄었다.

마무리 운동만 마치고 서둘러 집 근처로 이동하고자 차에 타려는데 산 선생님이 한마디 했다.

"산 기운 정말 묘하네요."

나 역시 무언가 이상하고 섬뜩한 느낌이었는데 그때 처음 알았다. 산은 저마다 기운이 있다는 사실을.

등산은 산의 좋은 기운을 얻어오는 것

거의 대부분의 산에는 좋은 기운이 많다. 그래서 산에 가면 오를 때 힘이 들어도 오를수록 기분이 상쾌해지고 온몸에 생기가 돌아 힘이 절로 솟는다. 등산 후 다리 근육이 당기고 어깨가 무겁더라도 기분이 상쾌하고 좋았던 건 그 좋은 기운 덕분이었다.

산에서 기분이 묘해지는 경험도 했지만 대부분의 산에서 상쾌함과 평화로움 같은 힐링의 느낌을 받았다. 스트레스를 받고 힘든 일이 있을 때 머리를 식히러 등산을 하거나 산속 템플스테이에 참여하는 것은 산이 가진 좋은 기운에 나의 스트레스와 고민을 덜어내고 싶기 때문이다.

예로부터 산의 좋은 기운이 모인 곳에 사찰을 세운 데는 그만한 이유가 있다. 좋은 기운이 충만한 곳은 수행에 정진하기 좋고 누구나 그곳을 찾으면 저절로 마음이 안정되고 편안해지기 때문이다. 그래서 유명한 산에는 큰 절이 하나씩 있고, 그곳엔 수많은 사람들의 발길이 이어진다.

일 때문에 자주 찾았던 여수 향일암은 금오산의 좋은 기운을 가득 받은 전국 4대 관음절 중 하나이다. 원효대사가 수도를 했다는 넓은 바위에서 바다를 바라보면 가만히 있어도 마음이 평온해졌다. 마음에 평화를 주었던 순천 선암사, 주왕산의 거대한 기암괴석이 병풍처럼 보이던 대전사, 고요한 고창 선운사, 설악산의 봉정암과 북한산의 도선사를 다녀왔을 때를 떠올리면 편안함이 기억난다.

풍수사상이나 종교를 떠나 산을 오르다 보면 산의 기운을 느끼는 순간이 온다. 자주 산에 오르며 건강해지는 것도 산이 가진 좋은 기운을 조금씩 받아오기 때문은 아닐까?

정상을
바라보는 자세

산 정상에 오르면 오름처럼 생긴 낮은 산들이 보이고 작은 도시는 조금씩 움직인다. 시간이 천천히 흐르는 느낌이다. 산을 오르는 내내 가득 찼던 무수히 많은 생각도 싹 사라진다. 정상에 몇 번 오르고 나서야 다들 왜 산을 좋아하고 오르는지 알 것 같았다.

처음 아이들과 산에 오를 때는 아이들이 무사히 오르는지 살피느라 모든 감각이 예민해져 있었다. 정상에서는 점심이나 간식을 챙기느라 정상의 감동을 느끼는 건 늘 잠시뿐이었다. 몇 번 정상에 오르고 나니 그제야 풍경을 감상할 여유가 생겨, 멀리 있는 작은 산들과 도로에 움직이는 차까지 선명히 보였다.

누구나 산 정상에 서면 오르면서 느낀 힘듦과 고통에 대한 보상을 받듯 내려다보이는 멋진 풍경에 가슴이 벅차오른다. 그 맛에 등산하는 사람이 많을 것이다. 아이들 역시 고생하며 정상에 올라 처음 눈에 들어오는 모습에 큰 감동을 받는다. 가르쳐주지 않아도 정상의 가장 멋진 부분을 찾아 그곳에서 아래를 내려다보거나 사진을 찍는다. 본인만의 방법대로 정상을 느끼는 것이다.

산 정상에서 느끼는 아이의 기분

첫째는 매번 가장 힘들게 정상에 올라 한참을 가만히 쉰다. 그러고는 흥분을 하며 감동하기보다 올라오며 보았던 풍경과 다르다며 조잘거리다가 여기저기 사진을 찍는다.

둘째는 계단이나 거친 경사로도 성큼성큼 잘 걷는다. 매번 원정대에서 가장 먼저 정상에 올라 아홉 살의 감상평을 늘어놓는다. 파평산 정상에서 했던 말이 가장 기억에 남는다.

"이렇게 여기서(산 정상에서) 보이는 모습이 예뻐야 좋은 산이야."

아이는 슬쩍 이야기하고 휙 가버렸지만 내 귀에 오래도록 남았다. 자신만의 감상을 늘어놓는 아이들과 함께해 더욱 감동적이었다.

정상에 올랐을 때의 기분을 꼭 물어봐 주자. 아이만의 표현으로 당시의 상황을 이야기해보는 것은 다음 산행에 좋은 동기부여가 된다. 산에 간다는 것이 아이의 의지는 아니겠지만 직접 정상에 오른 것은 순전히 아이의 의지이다. 그러므로 아이 스스

로 오른 정상에서의 느낌을 이야
기하고 표현하는 것은 무척 중요
하다.

처음에는 그냥 "좋아", "멋있어", "최
고야" 정도만 말할 수 있다. 그러
다 어느 순간 엄마도 생각지 못
한 아이만의 언어로 감동을 주
는 순간이 올 것이다.

한 가지 팁을 더하자면, 아이가 감정에
관한 어휘력이 조금 부족해 늘 비슷한 말만 한다면 엄마의 느낌
을 먼저 솔직하게 전해주는 것도 좋다. "가슴이 벅찼어", "구름
위를 걷는 것 같아", "아빠에게도 보여주고 싶어", "이 멋진 곳
에 너와 함께 와서 너무 기뻐" 등 아이에게 최대한 그 느낌을 전
달해줄 수 있는 표현을 사용해보자. 좀 과장되면 어떤가. 내가
느낀 건데.

정상에서 남기는 인증샷의 맛

산 정상은 특별한 몇 곳을 빼고는 대부분 비슷하다. 정상 표지석
이 없으면 그것이 어느 산이었는지 잘 모른다. 그럼에도 정상에
서 하는 제일 중요한 일은 다름 아닌 인증샷을 남기는 것이다.

에베레스트 등반에도 인증샷은 필수다. 특히나 인증이 필요한 높은 산은 대부분 인증샷 지정 장소까지 있다고 한다. 그곳이 아닌 곳에서 사진을 남기면 나중에 그 산을 올랐다는 증거가 부족해 논란의 여지가 생기기도 한다는 것.

고도 8,000m 이상의 높은 산을 간 것은 아니지만 아이들과 오른 500m 산은 에베레스트만큼 우리의 기억에는 더없이 소중하다. 그러니 산에 오른다면 산을 관리하는 지자체나 공원관리소에서 마련해둔 정상 표지석에 서서 인증샷을 꼭 남기고 오자.

아이에게도 정상에 도착하면 인증샷을 직접 찍게 해보자. 부모가 해줄 말은 하나뿐이다. 촬영한 사진에 대해 칭찬만 해주면 된다.

정상 표지석은 정상에서도 높은 곳에 마련하기 때문에 위험한 곳이 많다. 벅차고 기쁘기도 하지만 '이제 다 왔다'는 안도감

에 방심할 수 있다. 정상에 오르면 일행이 다 올라올 때까지 쉬기 때문에 다리 긴장이 풀려 헛디디기 쉽다.

아이들은 키가 작아서 높은 데 올려주고 사진을 찍기도 하는데 그럴 때는 더욱 조심해야 한다. 올라가는 아이나 사진을 찍으려는 부모 모두 조심하며 미끄러지지 않도록 신경 쓰자. 산에서는 한순간의 실수가 큰 사고로 이어지는 경우가 많다. 하산할 때까지 언제나 긴장의 끈을 놓지 말아야 한다.

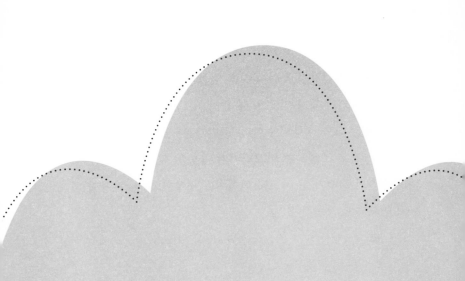

아이와 산행을 준비하며
언제나 무사히 정상에 오르는 상상을 한다.
아무리 힘든 산이라도 차근차근 올랐다가 무사히 내려오는
이 평범한 과정 속에서 어른도 아이도 삶의 자세를 배운다.
성급함에 발을 헛디디지 않기를, 자만함에 넘어지지 않기를,
유약함에 포기하지 않기를.

PART 4

내리막길
성장통

오를 때와 내려올 때 코스가 다른 원점회귀 산행의 매력

아이와 함께 다녀올 산과 코스를 정했다면 고민되는 것 중 하나가 바로 오를 때와 내려올 때 코스를 다른 길로 할지 같은 길로 할지를 고르는 일이다. 마음먹고 멋진 산을 선택했다면 오를 때와 내려올 때의 등산로를 선택해야 한다.

사람들이 많이 찾는 산의 경우 등산로가 아주 다양해서 입산 지점이 전부 다른 동네인 산도 있다. 국립공원도 정해진 입구가 있지만 둘레길이나 성곽길 등 중간에서 합류되는 지점도 많다. 하지만 초보 등산객은 코스를 선택하기 쉽지 않아 인터넷에 공개된 누군가가 올랐던 코스나 각 산의 홈페이지에 소개된 코스를 그대로 따라가는 경우가 많다.

등산 시 원점회귀는 정상 등반을 마치고 출발 지점과 같은 자리로 되돌아오는 것을 말한다. 보통은 등산로에 맞춰 조금 불편해도 대중교통을 이용하는 경우가 많다. 하지만 자기 차로 움직일 경우 오를 때와 내려올 때 코스의 경로를 다르게 하는 원점회귀 코스가 가장 이상적이다. 그래야 산의 여러 모습을 즐길 수 있고 내려와 차량까지 이동도 편하다.

아이들과 함께 간다면 올라갈 때 조금 힘들어도 내려오는 길이 편하고 완만한 코스로 선택한다. 산에 오를 때는 아이들의 체력이 좋기도 하고, 하산이 훨씬 더 위험하기 때문이다. 둘레길이나 성곽길처럼 정비된 도로와 연계된 등산로의 경우 오를 때는 조금 가파르더라도 하산할 때 둘레길로 합류하는 것이 어른에게도 아이에게도 수월한 등산 코스가 된다.

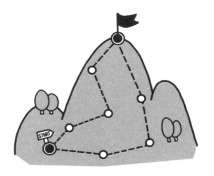

북한산처럼 입구도 여러 지역이고 둘레길과 성곽길, 서울두 드림길이 다 합류하는 산은 코스가 다양해 선택의 폭이 넓은 편이다. 어느 계절에 가도 아름답다.

둘레길을 다니면서 어느 정도 체력을 키웠다면 도심에 있고 코스도 다양한 북한산의 봉우리 하나에 도전해보길 추천한다. 우리가 다녀온 북한산 원효봉 코스는 북한산성탐방지원센터 주차장에 차를 대고 서암문을 지나 원효봉에 올랐다가 북문을 거쳐 북한동역사관과 보리사로 내려오는 원점회귀 코스였다.

그런데 보통 차를 갖고 둘레길 코스를 간다면 원점회귀로 코스를 짜기가 마땅치 않다. 둘레길을 걷다가 산길로 빠져서 등산로로 이동하거나 다른 길로 연결이 되어야 원점회귀가 가능하다. 그러므로 둘레길만 다닐 예정이라면 대중교통을 이용하는 것이 편함을 기억하자.

아무리 잘 준비해도 위험할 수 있어

아이들과 함께 산에 오르면 어떤 복병이 닥칠지 모른다. 계획했던 코스대로 다 오르지 못하고 중간에 코스를 변경해야 하는 경우도 생긴다. 실제로 가보지 못한 코스가 어디로 이어질지 초보자들은 미리 알고 준비하기 어렵다.

그럴 때는 난감해하지 말고 등산로에 있는 안내 표지판이나 지도, 앱을 확인해 자신의 위치를 파악하고 가파르지 않은 하산로를 선택해 내려온다. 주변의 등산객에게 물어 추천받은 코스로 하산하는 것이 안전하다.

산에서 위급 상황을 맞이하기 싫다면 등산 전 꼼꼼한 체크가 필요하다. 등산 코스도 두어 개 더 찾아서 링크해두고, 회귀 지점이 산 정상이 아니라면 더 자세히 알아두는 것이 좋다.

원점회귀 코스를 짜기 어렵다면 산에 익숙해질 때까지 입산과 하산을 같은 길로 해도 상관없다. 산은 시간별로 전혀 다른 느낌을 주기 때문에 마땅한 코스를 찾지 못했다면 원점회귀에 신경 쓰지 말고 안전한 길로 하산하자. 언제나 등산의 주목적은 아이와 함께 안전하게 하산하는 것이다.

산에서 내려올 때
조심해야 할 5가지

아이들은 누가 시키지 않아도 산에서 걷기 좋은 길에 들어서면 경쟁하듯 달리기를 한다. 들뜬 마음으로 산을 오르다가 금세 지치고, 잠시 앉아서 쉬면 언제 그랬냐는 듯 기운을 차린다. 그렇게 정상에서 회복된 체력으로 아이들은 기운차게 하산한다. 누가 먼저랄 것도 없이 내리막길을 성큼성큼 내려가는데 이때가 바로 부모들이 가장 집중해야 할 시간이다.

올라올 때 잘 올라온 아이들은 내려갈 때도 비슷한 속도와 컨디션으로 내려가려고 한다. 하지만 산악 사고 대부분은 하산 시에 생긴다. 산에서 내려올 때는 잠깐의 실수가 큰 사고로 이어질 수 있음을 기억하자.

등산이 인생과 닮았다는 이야기를 한다. 조금이라도 빨리 내려가겠다는 욕심은 부상을 부르고, 겸손하게 속도를 줄이면 내려가는 길이 편안해진다. 인생이나 등산이나 내려올 때가 중요하단 뜻이다. 산에서 내려올 때 유의해야 할 것에 대해 정리했다.

✦ 정상에서의 충분한 휴식

정상에서는 충분히 쉬면서 떨어진 체력을 보강한다. 숨도 고르고 뭉친 근육도 풀면서 내려갈 준비를 한다.

그럼 얼마나 쉬고 내려가야 할까?

간단하게 확인해보는 방법은 배낭을 메고 살짝 뛰어보는 것이다. 뛰었을 때 다리 통증이 있다면 조금 더 쉰다. 어느 정도 쉬었다면 아이들에게 자유 시간을 주고 살펴보자. 움직이다 자꾸 앉으려고 하거나 통증을 느끼면 간단히 마사지해서 풀어준다. 정상에서 쉴 때는 가만히 앉아 있기보다 정상 주변을 충분히 돌아다니며 즐기는 것이 다리 근육을 풀어주는 데 더 효과적이다.

✦ 오를 때보다 느리게 걷기

대부분의 산악 사고는 하산할 때 긴장이 풀리면서 발을 헛디뎌 발생한다. 오를 때보다 숨이 덜 차 걷기에 수월하다고 안심하는 순간 사고가 생긴다. 무사히 정상까지 올라도 아이의 근육에는 피로가 쌓이고 인대도 유연성이 떨어진 상태다. 그때 내리막에서 힘을 주고 급하게 내려가면 아이의 약한 근육에 상처가 날 수밖에 없다. 근육통은 하산 중에는 못 느끼다가 다음 날 자고 일어나면 심해진다. 일주일 정도 지나면 회복되지만 그때까지 고통은 이어진다.

등산 다음 날 제대로 걸으려면 하산할 때 천천히 걷는 것이 중요하다. 내려올 때는 나도 모르게 가속도가 붙어 걸음이 빨라진다. 근육에 무리가 가지 않도록, 의식적으로 올라올 때보다 더 천천히 걷도록 하자. 아이들은 손을 잡고 천천히 걸어 내려오는 것이 좋다.

✦ 보폭은 작게 무릎은 낮게

내리막길을 내려올 때는 몸이 앞으로 살짝 기울여지면서 보폭이 자연스럽게 넓어져 속도가 붙는다. 또 발 앞쪽에 힘이 실려 무릎을 덜 구부리게 된다. 그래서 하산하는 중에 무릎 통증을 느끼기도 한다. 이때 무릎에 가해지는 무게는 중력으로 인해 자신의 몸무게보다 두 배 이상 늘어난다.

산을 내려올 때에는 보폭도 평소보다 작게 하고 무릎을 더 구부린다는 생각으로 내려와야 한다. 그래야 무릎과 근육에 부담이 덜 간다. 가파른 곳에서는 아이들의 손을 잡고 불필요한 몸놀림을 자제하며 터벅거리며 걷지 않게 한다. 등산 스틱을 사용하면 하산할 때 하중을 분산시켜 안전하게 내려올 수 있다.

✦ 시간 조절하며 아이에게 속도 맞추기

아이와 함께 등산할 때는 항상 아이가 지치지 않는지 살피면서 속도를 맞춰야 한다. 특히 하산할 때는 중간중간 쉬는 시간도 가지며 천천히 내려온다. 올라갈 때 힘들어서 제대로 못 본 주변의 모습도 감상하며 즐겁게 하산하자. 빨리 가며 위험한 순간에 대처하느라 에너지와 시간을 낭비하는 것보다, 쉬엄쉬엄 아이의 속도에 맞춰 천천히 가는 것이 안전하고 결과적으로 더 빠르다.

✦ 하산 후엔 마사지

고도가 높은 등산 후에는 근육 사이에 피로물질인 젖산이 쌓인다. 이를 없애려면 반드시 적절한 휴식이 필요하다. 아이들은 관절이 부드럽고 근육 뭉침이 어른들에 비해 덜한 편이지만, 등산 전 준비운동과 등산 후 스트레칭을 꼼꼼히 하고 집으로 돌아와 충분히 쉬게 해야 다음 날 힘들어하지 않는다.

만약 산행 후에 목, 허리, 팔, 다리 등에 뜨끔뜨끔한 통증이 나타나면 냉찜질을, 뻐근한 통증이 나타나면 온찜질을 하는 것이 도움이 된다. 집에 돌아와 다리 근육을 충분히 풀어주는 것은 근육 뭉침을 방지해준다. 종아리와 허벅지를 따뜻한 손으로 부드럽게 주물러주자. 근육이 이완되면서 단잠을 자는 데도 효과가 있다.

성장기에 등산이 도움이 되는 이유

키 크는 데 꼭 필요한 성장호르몬은 주로 밤, 특히 취침 1~2시간 후 깊은 잠에 빠질 때 가장 활발하게 나온다. 잠잘 때 말고는 일정한 강도 이상으로 몸을 움직일 때 많이 분비되는데, 가볍게 숨이 차오르는 운동을 10분 이상 지속하면 성장판을 자극해서 성장호르몬 분비가 촉진된다.

운동과 성장호르몬

규칙적으로 운동하는 사람의 평상시 혈중 성장호르몬 농도는 운동하지 않는 사람의 1.7~2배라고 한다. 거기에 강도에 변화를 주며 운동하면 성장호르몬 분비에 더욱 효과적이다.

성장기에 하는 운동은 단순히 키 성장뿐만 아니라 골격과 근육, 체력 등의 기초를 만들고 근육 성장판도 자극한다. 근육에도 뼈와 마찬가지로 성장판이 있는데, 운동으로 관절의 수축·이완을 반복하면 근육 성장판이 자극받아 근육세포가 자란다. 근육세포가 자라면 성장판 주위 혈액순환을 돕고 대사 활동을 증가시켜 키 성장을 촉진한다. 뼈가 자라는 만큼 근육도 함께 자라야 성장통 없이 성장 발달 효과를 볼 수 있다.

성장기의 규칙적인 운동은 충분한 영양 섭취와 함께 성장 가능성을 결정하는 중요한 포인트라고 할 수 있겠다.

키 크는 운동이 정해져 있는 것은 아니지만 체중이 실려 뼈가 튼튼해지고 성장판에 중력 방향의 자극이 가는 줄넘기, 농구, 축구, 달리기 등이 적절하다. 흙길이나 운동장같이 쿠션감이 있는 땅에서 하는 것이 좋다. 점프하면서 무릎관절에 충격을 주어 성장판에 손상을 줄 수도 있기 때문이다.

성장에 도움이 되는 장점을 고루 갖춘 등산

등산은 대표적인 유산소 운동이다. 산을 오르내리며 관절과 근육에 지속적인 자극을 준다. 보통 2~3시간 동안 흙, 불규칙한 바위, 나무 계단이 번갈아 나오고 오르막길과 내리막길이 이어진다. 하산 시에 뛰어 내려오며 관절에 무리한 압박과 충격을 주지 않는 한, 키 성장에 도움이 되는 운동의 장점은 전부 갖췄다고 할 수 있다.

특별히 아이가 좋아하는 운동이 없다면 더 늦기 전에 등산을 가보자. 주말에 꾸준히 등산한다면 성장기 아이들에게 분명 도움이 된다.

우리 아이들은 겨울방학에 매주 등산을 했더니 살은 덜 찌고 키는 컸다. 키 성장이 한 가지 원인으로 이루어지는 건 아니지만 등산이 여러 측면에서 성장기 아이들에게 도움이 된 것은 사실이다.

등산이 당장 직접적인 효과를 주지 않더라도 꾸준한 등산을 통해 온 가족이 운동을 같이한다는 면에서 충분히 의미 있을 것이다. 아이가 성장기를 앞두고 있다면 온 가족이 등산을 시작하여 건강과 친목의 두 마리 토끼를 잡아보면 어떨까?

밀어주고
끌어주고

아직도 원정대 등산 첫날 두 꼬마 아가씨의 만남을 잊을 수가 없다. 처음 만난 아홉 살 두 아이는 준비운동을 끝내고 산길에 오르기 시작하며 말을 트더니 등산 내내 웃음이 이어졌다.

처음 만났지만 둘은 함께 같은 길을 걸었고, 같은 곳을 보았다. 등산이 처음이었던 둘째는 새로운 친구를 만난 것이 너무 즐거운 모양이었다. 앞서가다 친구를 찾아 되돌아오길 여러 번, 친구가 조금 힘들어 보이면 나뭇가지를 주워 끌어주기도 하고 둘째가 늦어지면 친구가 기다려주기도 했다.

함께하면 덜 힘들지

등산도 여행도 함께 떠난 일행에 따라 느껴지는 것이 다르다. 혼자 떠나는 여행도 좋지만 일행이 있어 좋은 부분이 훨씬 많다. 특히 등산은 함께하는 일행에 따라 쌓이는 추억이 다르다.

마음이 통하고 따뜻한 일행과 함께 걷는 산길은 오를수록 마음이 편해진다. 가파른 산에서 머뭇거릴 때 선뜻 손을 내밀어주는 일행과 함께라면 더 힘든 고봉도 따라나설 수 있을 것 같다. 힘든 과정도 함께하면 덜 힘들고 외롭지 않은 법이다.

원정대는 아이 5명과 어른 3명으로 구성되었다. 우리는 같은 시간에 함께 산에 올랐고 함께 내려왔다. 가다가 누군가 힘들면 모두 함께 쉬었다. 먼저 가는 사람이 길을 안내했고 따라가는 사람은 뒤처지지 않으려 노력했다. 힘든 일이 생기면 함께 헤쳐나갔다. 물이 부족하면 나눠 마셨고, 다리를 다치면 부축해주었으며, 가파른 길은 서로 손을 잡아주었다.

혼자만 잘한다고 좋은 결과를 얻는 것이 아니다. 함께 걷는 다른 이들도 두루 살피고 배려해야 한다.

산은 오랜 시간 어울림과 배려가 가득한 장소다. 무수히 많은 이름의 나무부터 수많은 돌과 산에 사는 풀과 이끼, 산을 지키는 생명들까지, 저마다 개별적 존재지만 산에서 어울려 살아간다. 우리 눈에 보이지 않거나 이름도 붙여지지 않은 다양한 존재들이 공존하는 곳이 바로 산이다. 산은 그 자체로 모든 것을 품으며 우리에게 배려를 가르쳐주고 있다. 사람도 그 안에서 조화롭게 어울려야 비로소 행복하다는 것을 깨닫게 해준다.

아홉 살 둘째는 지난겨울 산에서 배려를 받고 다른 이들이 베푸는 배려를 보며 배려를 몸으로 배웠다. 그리고 자신도 배려를 베풀며 다른 사람들의 마음도 조금 헤아릴 줄 알게 되었다.

나 또한 산에서 배운 배려를 누군가에게 베풀며 산과 같은 마음으로 살고 싶다.

아이와 눈을 맞추고
주변을 볼 수 있는 여유

등산 횟수가 늘어날수록 산에서 여유가 생긴다. 처음엔 거칠어진 숨소리와 발소리만 들리더니 어느새 흐르는 계곡 물소리, 나뭇잎이 흔들리는 바람소리, 지저귀는 새소리가 들린다.

원정대 마지막 산행은 파주 비학산이었다. 가파른 산길을 오르는데 나무 사이로 에메랄드빛 호수가 보이고 진달래도 만발했다. 아이들도 나도 익숙해진 산행이 수월했고, 시간도 넉넉해 마음이 편안했다. 마음에 여유가 있으니 주변이 보였고 호수를 품은 나무들의 실루엣도 멋졌다. 잔잔한 바람소리가 들리고 꽃을 간질이는 햇빛의 일렁임도 보였다.

여유가 없으면 조급해지고 서두르게 되어 더 쉽게 지쳐 자칫 위험해질 수 있다. 당연히 등산에서 얻는 즐거움도 줄어든다. 산을 오르며 반드시 여유를 가져야 할 이유다.

두렵지 않을 만큼 준비하고, 목표한 만큼 걷고, 오늘 못 가면 다음에 가도 산은 그 자리에 있어준다는 것을 믿으면 된다. 등산은 성취감과 만족감뿐만 아니라 우직함과 행복함도 나눠준다.

경험은 여유를 선물한다

등산을 직접 계획하고 한 걸음 한 걸음 산을 오르내리며 얻은 값진 경험은 그 어떤 것보다 든든한 자산이다. 어떤 일이든 기회가 왔을 때 두려움 없이 도전해볼 수 있는 힘을 준다.

등산을 경험한 아이들은 더 높은 산에 갈 기회가 생기자 두려움 없이 도전했다. 어떤 산이든지 올라갈 수 있다는 사실을 경험한 아이는 아빠와 가는 낯선 산에도 앞장섰다. 한라산이나 안나푸르나에 가보자고 하니 망설임 없이 흔쾌히 가겠다는 대답도 돌아왔다.

스스로 성취한 경험은 어떤 말과 글에서도 얻을 수 없는 것이었다. 자신감에서 오는 여유는 다음 산을 선택할 때 혹은 새로운 도전을 할 때 아이의 마음을 다잡게 해주는 주문이 되었다.

아는 길은 더 이상 두렵지 않고, 무언가를 포기하지 않고 해봤다는 경험은 자신감을 선사한다. 이 경험들이 쌓여 삶을 대하는 여유가 되고 태도가 될 것이다.

여유 있는 마음으로 걸은 만큼 볼 수 있고, 마음이 가고자 하는 곳까지 갈 수 있다는 것도 등산을 통해 우리는 배울 수 있었다. 할까 말까 고민될 때는 하라고 했다. 해보고 아니면 되돌아오면 된다. 등산, 일단 시작해보자! 어디라도.

베스트 등산 메이트
만들기

아이들과 산에 다니는 내게 주변에서 가장 많이 물어보는 말은 어떻게 하면 아이가 산에 따라가느냐이다. 초등 고학년 아이라면 부모가 아무리 노력해도 따라가지 않을 수 있다. 하지만 아직 아이가 어리다면 기회는 있다.

　우선 산책부터 시작해보자. 아이 손을 잡고 가까운 공원 산책부터 시작해 동네 뒷산, 가까운 둘레길을 차례로 다녀보자. 엄마가 시작하기 어려워서 그렇지 오히려 아이는 엄마와 보내는 이 짧은 여행을 좋아한다.

혼자 아이와의 여행을 준비한다면

내가 처음 혼자 아이를 데리고 여행을 간 것은 첫째가 15개월이었을 때다. 무척 힘들었지만 나름 행복했던 기억에 석 달 뒤 아빠 없이 아이를 데리고 필리핀의 세부에 다녀왔다. 나의 인내심을 시험한 시간이었지만 다음 여행에 대한 두려움이 사라졌다. 그 뒤로 출장길에 세 살배기를 데려가기도 했고, 일곱 살 여행, 열두 살 여행이라 이름을 붙여 혼자서 아이들을 데리고 여행을 다녔다. 그리고 이젠 두 아이와 함께 산에 다닌다.

엄마 혼자 아이를 데리고 여행하는 노하우가 있냐고 묻는다면 이렇게 대답하고 싶다.

급변하는 아이의 기분을 맞춰줄 수 있는 인내심, 까딱하면 투정의 원인이 되는 가방을 들어줄 수 있는 튼튼한 어깨, 파스타 두 끼 연속 먹어도 참을 수 있는 적당히 무난한 입맛, 어디서든 휴대폰 타임을 흔쾌히 허락해줄 수 있는 무제한 데이터, 형형색색의 스무디도 눈 딱 감고 사줄 수 있는 간식 선택권, 일정대로 움직이지 않는다고 짜증 내지 않는 넓은 아량, 다리 아프고 허리 아프면 택시 탈 수 있는 여유자금, 떠나기 전에 약속한 미션 수행 후에 적절한 보상만 있으면 누구든 어디든 갈 수 있다고 생각한다.

이런 것도 사실은 아이를 데리고 여행을 해봐야 알게 되고 느끼게 된다.

엄마가 이런 준비를 갖추고 아이를 기다려도 아이가 엄마와의 여행에 흥미를 느끼지 않으면 불가능한 일이다. 조금 불편하고 심심해도 엄마와 둘이 보내는 시간을 좋아해야 어떤 상황이 와도 행복한 시간을 보낼 수 있다.

그러기 위해선 어떤 여행을 가든, 엄마와 아이가 충분한 교감이 이루어져 함께 있는 그 시간들이 즐거운 기억으로 자리해야 한다. 이런 좋은 경험이 모여 아이는 엄마와의 등산도 어렵지 않게 따라가게 되는 것이다.

다자녀를 키운다면

대부분의 아이들은 부모와의 시간을 특별하게 생각하고 기다린다. 집에서 부모와 함께 보내는 30분의 책 읽는 시간일지라도 바쁜 부모가 오로지 자신만을 바라보는 그 시간을 기다린다.

특히 다자녀 가정이라면 가끔 한 아이와 함께 온전한 시간을 가질 것을 추천한다. 집 앞 공원을 산책하더라도 동생 없이 혼자 엄마와 가는 것은 다르다. 매일 가는 슈퍼도 언니나 형 없이 혼자 엄마를 독차지하는 것은 다르다.

이때 다른 아이를 온전히 맡길 수 있는 남편이나 부모님의 도움이 필요하다. 또는 이런 방법도 있다. 첫째가 학원가는 시간에 둘째와 산책을 해도 되고, 둘째가 유치원에서 돌아오기 전에 첫째와 데이트 시간을 가져도 좋다.

아이들과의 여행이 거듭될수록 나의 베스트 여행 메이트는 딸들이 되었다. 멀리 가지 않아도 아이들은 나와의 시간을 기다리고 함께하는 것을 좋아한다. 혼자 때론 부부가 같이 아이들과의 시간을 가급적 많이 가지려고 한다. 지금이 지나가면 다시 오지 않을 시간이니까.

많은 엄마들이 혼자는 감당 못할 것 같은 불안함에 선뜻 나서지 못하며 아이와의 추억을 쌓을 수 있는 골든타임을 놓치고 있다. 아이에게 최고의 교육은 부모의 사랑이다. 지금 이 순간도 흐르고 있고, 우리 자신도 모르게 그냥 지나가고 있는, 내 아이를 빛나게 할 골든타임을 놓치지 않길 바란다.

아이와 보내는 골든타임은 길지 않다. 책을 읽어달라고 조르는 것도 초등 3학년이 지나니까 딱 멎었다. 초등학교에 들어가니 스스로 씻게 되고, 주말에 친구들과 약속도 생긴다. 아이와 보낼 수 있을 때 조금이라도 더 많이 함께해야 한다. 이때 기억할 것은, 내가 해주고 싶을 때 해주는 것이 아니라 아이가 원할 때 함께해주는 것이다.

사랑 가득한 눈으로 아이를 바라보며 아이의 이야기를 들어주는 것이야말로 가장 중요하다.

나와 잘 맞는 여행 혹은 등산 메이트를 만들고 싶다면 아이와 시간을 꾸준히 가지는 것부터 시작하자. 아이가 좋아하는 것을 함께하며 아이를 이해하고 공감해주며 서로에게 딱 맞는 친구가 되어보자. 엄마와 보내는 시간이 즐거우면 여행이든 등산이든 아이는 행복하게 함께할 것이다.

산에서 등산 말고
무얼 할 수 있을까?

몇 년 전 나는 지역기반 빅게임 스토리 작가로 참여해 게임을 론칭했다. 아직 국내에서 생소한 빅게임은 쉽게 말하자면 현실에서 실물의 게임 소품과 디지털 기술을 엮어 즐기는 게임으로 거리 게임, 유비쿼터스 게임, 도시형 게임, 야외형 방탈출 등으로 불린다.

개발 기간도 짧고 지역이 전남 여수였던지라 꽤 힘든 작업이었지만, 처음 도전해본 분야라 애착이 많이 간 프로젝트였다. 게임 개발 중에 벤치마킹 차원으로 스위스를 방문해 지역기반 게임에 직접 참여해볼 수 있는 기회가 있었다.

폭스트레일은 스위스 특유의 자연환경을 활용한 지역기반 모험 게임이다. 10곳 이상의 스위스 유명 관광지에서 까다로운 게임과 숨겨진 비밀을 풀어가는 흥미로운 모험이었다. 게임은 크게 도심형과 자연형으로 나뉘고, 도시의 가장 아름다운 지역들을 관통하거나 중앙역의 상점을 방문하기도 하고 심지어 비밀스러운 성의 숨겨진 방들을 통하기도 했다. 또한 산길을 따라가다 다음 힌트를 얻고 숨겨진 성당으로 들어가기도 하고 버스를 타고 도심으로 이동하기도 했다.

자연을 품은 도시를 걸으며 그 역사를 이해하고 지역민의 관심과 도움으로 해결하는 과정이 흥미진진했다. 더불어 잘 다듬어진 산책로와 어디를 가도 숲이 울창하고 아름다운 호수와 강이 있는 스위스의 유명 관광지를 구석구석 체험할 수 있는 잊지 못할 경험이었다.

아이들과 한창 산에 다니면서 매번 다른 산을 가고 달라지는 풍경을 보면서 다양한 경험을 하는 것도 좋지만, 아이들이 더욱 즐겁게 산을 오르게 하는 방법은 없을까 하고 고민했던 적이 있었다.

'땅을 향해 자라는 나무 중간에 담긴 힌트를 얻어 계단에 숨겨진 단서를 아이들과 함께 찾아가는 게임이 우리 산에도 있으면 아이들이 얼마나 좋아할까? 게임을 하러 산에 가고 싶어 하

지 않을까?'

　땅을 향해 자라는 나무를 찾아 스위스 산길을 헤매다 결국
단서를 찾아 해결했던 기억이 떠올랐다.

산에서 모험을 할 수 있다면

우리의 산에는 우리만의 역사와 이야기가 담겨 있다. 긴 시간 역
사를 품고 그 자리를 지키고 있는 산은 저마다 이름도 있고, 역
사를 품은 길도 있다. 등산을 하며 아이들에게 역사 이야기를 들
려주고 자연놀이를 하는 것도 흥미롭지만, 산이 가진 매력을 더
재미있게 풀 수 있는 방법이 있다면 어떨까? 산을 활용하거나
산과 연계된 게임 같은 것을 만들면 굳이 등산이 좋다고 말해주

지 않아도 어려서부터 많은 아이들이 자연스럽게 산에서 모험을 하고 재미를 찾을 수 있지 않을까?

최근 국립공원에서 스탬프 패스포트 행사도 하고, 각종 둘레길에서도 비슷한 프로모션을 하고 있다. 한 가지 아쉬운 건 모든 행사가 비슷하다는 것이다. 스탬프가 귀엽고 산행을 마무리했다는 성취감을 주지만 번번이 같은 미션이면, 아이들이 산에 계속 흥미를 느끼기엔 한계가 있을 수밖에 없다. 산마다 가진 역사와 이야기가 다른데 모양만 바꾼 스탬프만 찍기에는 너무 아쉬운 마음이다.

지자체마다 너도나도 만드는 둘레길이나 비슷한 지역축제 대신 산과 도심에 연계된 게임을 만들면 등산객과 관광객이 많이 찾지 않을까 하고 조심스레 상상해본다.

체력 부자
만들기

밤을 새우고 일을 해도 하루 정도는 끄떡없었다. 나는 타고난 체력이 좋은 편이었다. 엄마들은 잘 알겠지만 육아는 체력 싸움이다. 영유아 때 먹이고 챙기는 것도 엄마 체력의 결과이고, 소아 때는 주말에 데리고 다니는 것도 부모 체력의 결과이다.

내가 새벽 운동을 시작한 이유

좋은 체력을 물려주신 부모님 덕분에 나는 육아 전쟁 속에서 버틸 수 있었다. 하지만 아이들이 커가면서 '회사 퇴근 육아 출근'의 일상을 보내다 보니 내 체력에도 한계가 드러나기 시작했다.

살은 찌고 체력은 떨어져 자주 아팠다. 병원을 다니고 한약을 챙겨 먹어도 좀처럼 옛날 같지 않았다. 마흔도 안 되어 '늙어

서 그래'라는 핑계를 대기는 싫었다. 그때부터 새벽에 집 앞 헬스장에 다니기 시작했다.

매일 새벽 6시 러닝머신을 뛰려고 헬스장으로 갔다. 체력은 타고나지만 매일의 운동이 체력을 길러준다는 사실을 그때 알았다. 그렇게 시작된 달리기와 근력운동은 잃었던 나의 체력을 조금씩 되돌려주었다. 그러다 우연한 기회에 시작한 마라톤은 도전하는 운동의 맛을 알게 해주었다.

마라톤 10km 정도는 매년 완주할 수 있고, 새벽 운동을 망설이지 않고 계속할 수 있으며, 등산 후에 근육통에 시달리지 않게 되었다. 매일 2~3만 보씩 걷게 되는 여행도 계속 즐길 수 있었다.

하지만 아이 체력은 내 마음처럼 되지 않는다. 체력 좋은 부모가 무조건 밀어붙이면 아이는 힘들어진다. 아이들과 야외 활동을 하려면 아이 체력을 어느 정도 알고 있는 것이 좋다.

매주 등산을 하며 아이들이 따라와 줄 수 있을지 고민했다. 기초체력이 없는 아이들은 아무래도 무리가 될 수 있어 조심스러웠다. 그럼에도 아이들이 나와 함께 가는 산을 좋아하길 바랐다. 엄마보다 몸을 사용하는 운동에 빨리 눈뜨길 바랐다.

평소 나는 걷는 것은 좋아하지만 달리는 것은 싫어했다. 등산도 하지만 즐기지는 못했고, 좋아하고 즐기는 스포츠가 없어 여행을 가서도 느끼는 게 매우 한정적이었다.

그래서 아이들에게는 수영, 클라이밍, 발레, 인라인, 태권도, 주짓수, 피겨스케이트, 스키, 스케이트보드, 자전거, 배드민턴, 줄넘기, 승마 등 관심을 보이는 스포츠는 뭐든 배우게 했다. 다행히 운동을 즐기는 아빠의 유전자 덕분인지 엄마인 나와는 달리 운동을 좋아했다.

예전의 나는 아이들이 운동할 때면 늘 벤치에만 앉아 있는 엄마였다. 하지만 아침 운동을 시작하고 나서는 조금 달라졌다. 꾸준히 달리는 모습을 아이들에게 보여주고 있다.

비록 3km일 때도 있고 20분일 때도 있지만, 나는 매일 아침 운동을 한다. 그런 내 모습을 아이들은 매일 보며 자랐고, 지금은 매년 마라톤을 두 번씩 달리는 엄마를 보고 있다.

타고난 체력이 좋거나 나쁜 것은 어쩔 수 없지만 노력을 통해 내가 가진 체력의 한계는 넘어설 수 있다. 체력은 그저 운동

신경이 좋고 빠르고 힘이 좋은 것만이 아니다.

체력은 신체적인 것과 정신적인 것으로 나뉘며, 두 가지가 상호작용한다. 몸이 힘들고 기력이 딸리면 정신적으로 함께 지치고 매사에 흥미를 잃는다. 반대로 정신적으로 스트레스 상황에 놓이면 몸이 자연스럽게 반응해 신체적인 능력도 저하된다.

그래서 나는 아이들이 체력 부자가 되었으면 좋겠다. 100m 달리기는 느리지만 마라톤 10km는 같이 완주했으면 좋겠다. 바다에 빠졌을 때 물에 떠서 버티거나 수영해서 위험에서 벗어날 수 있으면 좋겠다. 아이들이 다양한 스포츠를 즐기고 주짓수와 태권도를 배워 자신의 몸을 지킬 수 있으면 좋겠다. 나와 함께 순례길 걷는 여행을 떠나고 영남알프스와 지리산 종주를 함께 했으면 좋겠다.

그러려면 지금 아이들과 함께할 수 있는 것은 무엇일까? 몸을 움직여 땀 흘리는 것을 싫어하지 않게 만들어주고, 몸으로 즐기는 스포츠를 두려워하지 않게 다양한 기회를 만들어줘야 하지 않을까. 등산도 그 하나가 되었으면 좋겠다. 체력 부자는 이 모든 것들을 즐기면서 자연스럽게 얻어질 것이다.

다음에는
어떤 산에 도전할까

등산 후에는 아이와 함께 리뷰 시간을 갖는다. 무엇을 보았고, 얼마나 힘들었으며, 어떤 점이 좋았고, 어떤 점이 불편했는지 솔직하게 이야기를 나눠보자. 미처 신경 쓰지 못했던 소소한 부분이 아이에게 불편함을 주었을 수도 있으니 아이의 이야기를 잘 들어주어야 한다. 이를 통해서 다음 등산 계획을 세울 수 있다.

　산을 선택할 때는 부모가 가고 싶은 산보다 아이의 체력과 운동 능력, 건강 상태에 맞춰 힘들지 않고 즐겁게 다녀올 수 있는 곳으로 선택해야 한다. 특히 평소에 등산이나 운동을 자주 안 했다면 아주 가볍게 다녀올 수 있는 산으로 시작한다. 아이와 가기 좋은 등산 코스를 소개하니 아이의 체력과 건강 상태를 파악해 시작해보자.

걷기가 익숙해지는 5세 전후가 되면 집과 가까운 걷기 코스를 함께 걸어본다. 집 근처는 여러모로 안전하기 때문에 엄마 혼자 아이를 데리고 가도 괜찮다. 집과 멀지 않은 곳의 둘레길이나 성곽길을 찾아보고 걷기 코스에 아이들이 좋아하는 문화생활을 하나 추가하면 멋진 하루 일정이 된다.

✦ 추천① 안산 자락길

서대문독립공원 ⇨ 북카페쉼터 ⇨ 메타세쿼이아길, ⇨ 잣나무숲 ⇨ 무악정 ⇨ 능안정 ⇨ 전망대 ⇨ 북카페쉼터 ⇨ 독립문역

도심과 연결된 대표 무장애숲길인 안산 자락길은 7km의 순환형 코스이다. 서대문독립공원 인근에 주차를 하고 공원으로 들어서면 자락길 안내판이 보인다. 연결된 길을 따라가면 사계절 매력적인 메타세쿼이아길이 이어진다. 걷기 편한 나무 데크길을 따라 전망대에 오르면 북한산과 서울 시내가 시원하게 내려다보인다. 북카페쉼터에서 쉬면서 준비해간 간식을 먹어도 좋다. 자락길과 연결된 연희숲속쉼터를 한 바퀴 돌아도 볼거리가 많다.

서울두드림길
https://gil.seoul.go.kr/walk/index.jsp

✦ 추천② 행주산성역사누리길

대첩문 ⇨ 충의정 ⇨ 대첩비 ⇨ 진강정 ⇨ 팔각초소 전망대 ⇨ 행주산성 공원

대첩문 앞 주차장까지 차로 이동해 걷기 시작하는 코스다. 잘 다져진 토성길을 걸어 오르면 시원한 한강의 물줄기가 바라보이는 대첩비와 덕양정에 도착한다. 조금만 더 올라가면 대첩기념관이 있고 행주산성 관련 역사물 관람이 무료다. 아이들과 쉴 수 있는 의자와 음료 자판기도 많으니 휴식을 취하기 좋다.

내려올 때는 진강정 쪽으로 내려와 행주산성역사누리길에 합류하면 잘 손질된 데크길이 이어진다. 팔각초소 전망대까지 걸으면 아이들과 잠시 쉬어가기 좋은 작은 도서관이 있다. 한강 쪽으로 내려오면 행주산성 공원이 있고 조금 더 걸으면 메타세쿼이아길이 이어진다. 천천히 걸어가면 대첩문으로 이어지는 원점회귀 코스다. 작고 아름다운 오솔길과 한강과 이어진 데크길이 있어 아이들과 걷기 편하다.

고양시 고양누리길
http://nuri.goyang.go.kr

✦ 추천③ 아차산성 코스

아차산 관리사무소 ⇨ 낙타고개 ⇨ 아차산성 ⇨ 생태공원

삼국시대 지어진 아차산성의 흔적이 남아 있는 곳으로 아차산 관리사무소에서 낙타고개로 이어지는 유일한 오르막길이다. 계단길로 되어 있어 위험하지 않고 등산화를 신지 않아도 될 만큼 잘 정비되어 있다. 아이들과 함께 걸어도 1시간~1시간 30분 정도로 짧은 코스로 아차산 고구려 역사문화 홍보관이나 아차산 등산로 초입의 생태공원에서 시간을 보내면 알맞은 하루 일정이 될 것이다. 다녀온 후 인근의 어린이대공원에서 시간을 보내도 좋다. 아차산생태공원에서는 다양한 프로그램을 운영 중이다. 미리 신청하면 체험도 할 수 있다.

아차산공원
https://www.gwangjin.go.kr/edu

호기심 많은 아이와 가기 좋은 등산 코스

호기심이 왕성한 아이는 관심사도 다양하다. 등산을 할 때도 주변의 볼거리나 체험이 풍부한 곳을 선택하면 좋다. 여행을 가서도 가보고 싶었던 지역의 산을 가볍게 도전해보는 것도 추천한다.

✦ 추천① 한양도성 순성길 흥인지문 구간

흥인지문 ⇨ 한양도성박물관 ⇨ 낙산공원 ⇨ 혜화문

한양도성 순성길의 모든 구간이 걷기에 편하고 볼거리가 많다. 특히 흥인지문 구간은 주변에 볼거리도 다양하고 가벼운 걷기 후에 문화생활을 할 것도 많다. 도심이기 때문에 대중교통을 이용하는 것이 더욱 편하다. 흥인지문 바로 옆에는 한양도성박물관이 있다. 성곽길을 걷기 전에 한양도성에 관한 이야기를 보고 들은 후에 걸으면 더욱 알차다.

한양도성
https://seoulcitywall.seoul.go.kr

✦ 추천② 북한산둘레길

1구간 소나무숲길 / 8구간 구름정원길 / 21구간 우이령길

북한산둘레길은 21개 구간이 각각의 특징을 가지고 있다. 아이들과 걷기 편하고 볼거리가 많은 3곳을 꼽았다. 북한산은 시간을 나눠 구간별로 걸어보는 것도 좋다. 소나무 향기가 가득한 1구간은 솔밭근린공원, 소나무숲이 조성되어 있다.

서울이 한눈에 내려다보이는 8구간 구름정원길은 계곡을 횡단하는 스카이워크도 있고, 흙길과 나무 계단길, 숲길이 적절히 조화를 이루고 있어 걷는 재미가 있다. 미리 예약해야 갈 수 있

는 21구간 우이령길은 생태계가 잘 보존되어 있는 지역이다. 어려운 구간 없이 아이들과 걷기에 편하다. 북한산둘레길에는 스탬프 투어를 준비해두고 있으니 아이들과 걷는다면 미리 패스포트를 준비하고 인증샷 찍는 장소를 기억해두었다가 스탬프를 찍어보자.

✦ 추천③ 경주 남산

삼릉 주차장 ⇨ 삼릉계곡 선각육존불 ⇨ 삼릉계곡 마애석가 여래좌상 ⇨ 금오봉 ⇨ 용장사곡 삼층석탑 ⇨ 용장마을

경주에 방문할 예정이라면 하루는 이곳에 다녀오자. 삼릉 주차장에 주차하고 멋진 솔숲으로 발걸음을 옮기면 삼릉이 보인다. 삼릉을 지나면 11개의 절터와 15구의 불상이 남아 있는 삼릉계곡으로 가보자. 다양한 형태의 불상이 아이들의 호기심을 자극한다.

　금오봉 정상까지는 경사가 조금 있고, 산행 시간이 길다. 아이의 컨디션을 살펴보고 올라가는 것이 좋다. 더 올라갈 수 있다면 삼릉계곡 마애석가 여래좌상에서 전망이 좋은 바둑바위 쪽으로 이동해 금오봉 정상을 거쳐 내려온다. 용장사곡 삼층석탑이 있다. 3~4시간의 등산 시간 동안 보물과 국보, 문화재를 동시에 만날 수 있는 유익한 코스다.

운동신경이 뛰어난 아이와 가기 좋은 등산 코스

날다람쥐처럼 산길을 뛰어다니는 아이라면 다양한 산길을 경험
해보게 하자. 하지만 아이가 잘 걷는다고 해서 경사가 급
한 곳이나 바위산을 오르는 등의 위험한 산행은
조심해야 한다. 부모의 시야에서 벗
어나지 않는 선에서 앞장서게 하
는 것을 잊지 말자.

✦ 추천① 청계산 옥녀봉 코스

청계산입구역 2번 출구 ⇨ 원터골 쉼터 ⇨ 옥녀봉

대중교통으로 이용하기 좋아 주말이면 등산객으로 가득 차는
청계산은 산세가 험하지 않고 천천히 걸어도 부담이 없다. 가파
르지 않은 계단길과 평지의 흙길이 이어져 아이들도 오르기 쉽
다. 게다가 산 정상에 잘 마련된 탁자와 의자가 있어 쉬었다가
내려오면 편하다. 옥녀봉 코스가 너무 단조롭다면 매봉 코스인
돌문바위까지 올라봐도 좋다.

✦ 추천② 팔공산 갓바위

갓바위시설지구 ⇨ 관암사 ⇨ 관봉 갓바위

팔공산의 상징인 관봉 갓바위의 부처님은 찾아와서 기도하는 이들의 소원을 들어준다고 한다. 그래서 매년 수능시험 즈음에 수많은 학부모들의 방문이 이어지는 곳이다. 낮은 산을 여러 번 올라본 운동신경이 좋은 아이들은 충분히 오를 수 있다. 계곡을 낀 산길을 오르면 갓바위 가는 중간 쉼터인 관암사가 있다. 관암사에서 나오면 갓바위까지 1,365개의 돌계단이 이어진다. 관봉에 다다르면 너른 기도터가 마련되어 있는데 소원을 비는 사람들이 늘 가득하다. 대구 시내가 한눈에 펼쳐지는 정상의 모습도 일품이다.

✦ 추천③ 파주 파평산

파평 체육공원 ⇨ 삼거리 ⇨ 팔각정자 ⇨ 동봉 정상 ⇨ 사방댐

서울 인근 파주에는 아이들과 다녀오기 적당한 높이의 산이 많다. 파평산도 그중 하나다. 500m 정도의 산을 올라본 아이들은 쉽게 다녀올 수 있을 정도의 산세와 높이다. 숲길과 산길이 이어져 걷는 재미도 있다. 정상 부근에는 인근에 군사시설이 있어 도로가 크게 정비되어 있다. 등산로 외 다른 쪽은 가급적 가지 않도록 조심한다. 동봉 정상에는 넓은 정자와 나무 데크로 정상의 풍경을 감상할 수 있도록 조성해두어 아이들도 좋아한다.

도전 정신이 강한 아이는 낯선 곳을 두려워하지 않고 어른을 앞장서 안내하기도 한다. 산에 몇 번 다녀보면 어렵고 높은 산도 올라가고 싶어 한다. 아이에게 조금 벅찬 높이라도 함께 도전해보자. 단, 등산 도중 아이가 힘들어하면 언제든 하산하는 것도 잊지 말자.

✦ 추천① 간월재

영남알프스 복합웰컴센터 ⇨ 간월산 등산로 ⇨ 간월재 ⇨ 간월산 정상 ⇨ 사슴농장

신불산과 간월산의 중간에는 이국적인 억새밭이 펼쳐진 간월재가 있다. 진달래 가득한 봄과 억새가 한창인 가을에는 매주 엄청난 인파가 등산로를 가득 채운다. 아이들도 오르기 쉬운 사슴농장 코스로 올라도 좋지만 등산에 익숙한 아이라면 간월산 등산로의 구불구불한 산길로 간월재에 올라보자. 너른 평원이 펼쳐지는 간월재에 올라 컵라면 하나를 비우고 쉬다가 잘 정돈된 사슴농장 코스로 천천히 하산하면 좋다. 초등 고학년이라면 해발 1000m가 넘는 아름다운 산들이 모여 있어 영남알프스라 불리는 간월산 정상도 그리 멀지 않으니 도전해볼 것.

✦ 추천② 인제 자작나무 숲길

원대리 초소 ⇨ 자작나무 숲 입구 ⇨ 1코스 ⇨ 전망대 ⇨ 3코스

이국적인 설경으로 겨울 산행의 성지로 불린다. 인제 자작나무 숲길은 관리도 잘되어 있고 사계절 찾는 사람이 많아 아이들과 다녀오기 좋다. 길쭉하게 자란 하얀 자작나무가 흔들리는 소리도 좋고 숲과 어우러진 모습은 신기하기까지 하다. 아이들과 천천히 오르다 보면 말없이 두리번거리며 걷는 아이들을 발견하게 되는 곳이다.

✦ 추천③ 북한산 원효봉

북한산성 탐방지원센터 ⇨ 서암문 ⇨ 원효암 ⇨ 원효대 ⇨ 원효봉 ⇨ 보리사 ⇨ 자연탐방 산책로

어른들은 등산 초보여도 충분히 갈 수 있는 코스지만 아이들은 높은 바위 원효대 앞에서 되돌아올 수 있다. 우리 첫째처럼 눈물을 보일 수도 있다. 그래도 등산에 어느 정도 익숙해진 아이라면 어른과 함께 거뜬히 갈 수 있고 커다란 바위에서 조심한다면 멋진 완등 사진도 남길 수 있다. 오르는 동안 서흥군 묘역, 내시묘역길, 서암문, 여장, 성랑지, 원효암 등 볼거리도 많아 심심할 틈이 없다. 커다란 바위 원효대에 조심조심 올라 거친 산바람을 맞으며 사진 한 장을 남기면 아이의 자신감은 수직 상승할 것이다.

산에서 배운 것들,
산이 알려준 것들

산에서 배운 게 어디 한두 가지인가. 짧은 산행에서 나도 아이들도 한 뼘 성장한 건 두말할 나위 없다. 몸으로 배운 것은 쉽게 잊히지 않는다. 등산을 꾸준히 하다 보니 아이들이 어설픈 어른보다 산을 더 잘 오르고 더 많은 것을 얻고 더 깊이 느낀다는 것을 알게 되었다.

함께 산에 다니는 동안 아이들이 한 말에서 내가 배운 것들을 소개한다. 꼭 산에 다녔기 때문에 한 말이 아닐 수도 있다. 하지만 산에 다녀와 우리에게는 변화의 바람이 불었다. 이 좋은 바람이 이 글을 읽는 여러분에게도 부드럽게 전해지길.

"내가 가장 잘하는 건 끝까지 가는 거야. 조금 늦지만 나는 포기하지 않고 꼭 가거든."

217

번번이 마지막에 산에 올랐던 첫째는 엄마와 발맞춰 걸으며 이렇게 말했다. 느리더라도 끝까지 꼭 해내는 것이 얼마나 중요한지 아이는 산을 오르며 스스로 배우고 터득했다. 나는 아이를 살피고 아이에게 맞는 방식으로 발을 맞춰주었을 뿐이다. 그렇게 산이 아이에게 가르쳐준다. 나 역시 산에게 그리고 아이에게 배운다.

"넘어져도 괜찮아."

성격이 급한 둘째는 빨리 가고 싶은 날이 많았다. 앞서가다 보니 자꾸 넘어지고 미끄러졌다. 그래도 아이는 울거나 포기하지 않았다. 그저 먼저 정상에 가고 싶었고 재미있게 오르고 싶어 괜찮다고 했다.

그 자리에 주저앉아 운다고 달라지는 것은 없었다. 일어서서 일행들과 함께 가거나 그 자리에서 뒤돌아 내려가거나 어쨌든 어딘가로 가야 했다. 산이니까.

218

넘어지는 것은 내가 어찌할 수 없는 일이다. 하지만 다시 일어나는 것은 내가 할 수 있는 일이다. 지금 내가 할 수 있는 것을 선택하고 걸어가면 된다. 산에서도 인생에서도.

"분명히 산에서 내려가는 건데 왜 여긴 오르막길이에요?"

산을 처음 타는 아이들은 신기하면서도 힘든지 투덜댔다. 산을 직접 걸어보면 알게 되는 사실이 있다. 오르막길에도 내리막이 있고 내리막길에도 오르막이 있다.

산을 오르는 건 인생하고 똑같다. 힘든 오르막인 줄 알았는데 걷다 보니 내리막길도 있고, 편한 내리막길이었는데 갑자기 오르막이 나타나기도 한다. 지금 하는 일이 힘들고 고되더라도 그것이 끝이 아니고 가다 보면 행복한 순간도 있으며 즐거운 시간도 생긴다. 반대로 지금이 내 인생 최고의 시기라고 생각돼도 매일 좋은 것이 아니고 작은 실패와 고난이 도사리고 있다.

아이에게 인생을 설명하는 일은 어렵다. 다들 알다시피 인생이라는 게 기분 좋은 일은 잠시다. 반면 준비하기 위한 고된 시간은 길고 좌절하고 힘든 시간도 꽤 많다. 아이는 산을 오르내리면서 힘들기도 하고 즐겁기도 하다는 사실을 직접 깨닫게 된 것이다.

"한번 해보지 뭐."

생각해보니 나는 아이가 원하는 것을 이야기하기도 전에 먼저 충족시켜주었던 부모였다. 그러다 보니 아이는 딱히 무언가를 요구하지도 좋아하는 것을 어필하지도 않는 순하고 착하기만 한 아이가 되었다. 반면 두려움이 많은 아이에게 새로운 도전은 늘 커다란 장애물이었다.

산에 오르는 과정은 아이에게는 전부 새로운 시도였다. 걱정하고 두려워만 해서는 해결되는 것이 없었다. 표현하고 부딪쳐야 해결이 되었다.

매번 다른 산에서 늘 새로운 일이 생기고 해결해나가는 과정을 겪으며 아이는 느꼈으리라. 새로운 시도를 할 때 미리 겁먹지 말 것. 아이는 산에서 자신에게 닥친 일을 스스로 이겨내고자 했다. 처음 느꼈던 두려움을 넘어 도전하며 앞으로 나아갈 수 있게 된 것이다.

엄마와 함께 산을 오르내리며 나눈 시간들과 이야기는 아이에게 세상을 지혜롭고 의미 있게 살아가는 데 뜻깊은 자양분이 되어줄 것이다. 완벽하지 않아도 부모가 아이와 함께 쌓은 돌담은 얼기설기 생긴 바람구멍 덕에 쓰러지지 않는다. 그 바람구멍 덕분에 아이는 흔들리며 자란다. 언제 닥쳐올지 모를 바람에 맞서 싸우기보다 바람을 안고 지나가게 하는 섬사람들의 지혜처럼, 엄마와 산을 오르며 함께한 경험은 아이 인생의 든든한 버팀목이 되어줄 것이다.

한 걸음 떼는 용기를 위하여

오랫동안 글을 쓰며 살아왔지만 나의 아이들을 주제로 글을 쓴
다는 것은 대단한 용기가 필요했다. 한 영화의 제목처럼 '지금은
맞고 그때는 틀릴' 수도 있기 때문에 아이들의 말과 행동을 내
식대로 해석하고 정리해 써 내려가기가 부담스러웠다.

그럼에도 내가 산에서 아이들과 보냈던 시간들에 대해 다른
분들과 나누고자 한 것은, 등산을 통해 아이만큼 엄마도 자란 나
의 경험을 전하고 싶었기 때문이다.

평범한 워킹맘은 산을 통해 확실히 한 뼘 더 성장했다. 산에
서 제대로 걷고 호흡하는 법을 배웠고, 오르는 즐거움을 얻었으
며, 자연에서 행복하기를 익혔다. 또 아이와 대화할 때 기다리고
들어주며 같은 곳을 향해 함께 걷는 법도 배웠다. 알고 있는 것
같아도 산에서 아이와 나누는 일상적인 경험들은 더 진했다.

무엇보다 내가 가장 성장했다고 느끼는 부분은 바로 스스로

에 대한 생각의 전환이었다. 두 아이를 낳고 여전히 일을 하며 살아왔지만 일을 뺀 나의 모습에 자신이 없었다. 육아휴직을 한 후 복직을 고민할 때 만난 등산은 나에게 '등산로가 여럿이든 너에게도 여러 길이 있다'고 힌트를 주었다. 분명 아이들을 위해 시작한 등산인데 어느새 내가 변하고 있었다.

이런 경험을 많은 엄마들이 해봤으면 좋겠다. 같은 것을 보아도 사람마다 느끼는 것이 다르고 같은 경험을 해도 사람마다 얻는 것이 다르다. 아이와 함께하는 등산을 통해 얻고자 하는 것이 많겠지만, 엄마 스스로를 위한 목적도 하나쯤은 간직해두길 바란다. 등산을 하는 동안 잠시나마 육아의 굴레를 벗어나 천천히, 하지만 끝까지 스스로 딛고 올라서는 경험을 꼭 해보길 바란다. 그 작은 경험이 쌓이면 엄마라는 역할 위로 오롯이 나에게 집중할 수 있는 시간을 만날 것이고, 내가 디딘 발만큼 단단해진 나를 얻을 수 있을 테니 말이다.

등산을 통해 아이와 엄마가 조금씩 자란 우리의 이야기가 누군가의 첫 산행에 동반자가 되어, 산을 좋아하는 아이로 자신을 돌아보는 엄마로 함께 성장할 수 있다면 더할 나위 없겠다. 이제 막 아이들과 산에 다니기 시작한 나는 누군가의 길잡이보다 사이좋은 페이스메이커가 되고 싶다. 그저 함께 걸으며 새로운 산에 설레고 뻐근한 근육통이 반가운, 언젠가 산에서 마주칠지 모르는 그런 사이로 말이다.

아마도 책을 읽으신 분들은 "그래서 지금도 아이들이 산을 좋아하는가?"라고 질문하실 수도 있겠다. 솔직하게 말하면, 잘 모르겠다.

다행인 건 먼저 산에 가자고 이야기하진 않지만 등산을 싫어하지 않고, 더 높은 산을 계획할 때 거부하지 않는다. 어느 주말 오후, 지리산 종주 TV 프로그램을 보고 있는 내 옆에 와서 저 산에 가보고 싶다고 슬쩍 이야기를 꺼내는 아이들이기에 나는 더 바라지 않는다. 예전처럼 매주 등산을 가지는 못해도 아이가 성인이 될 때까지 함께 산에 다닐 수 있다면 그것으로 좋다.

기억에 남을 수상소감처럼 간결하고도 의미심장한 멘트로 마무리하고 싶었지만, 정말 감사할 사람이 많다. 육아 경험의 파편을 한 권의 책으로 멋지게 묶어주신 내 인생의 멘토 황윤정 대표님, 원정대를 꾸리고 모든 산행을 무사히 마칠 수 있게 힘써주신 곽정혜 선생님과 딸 봄, 나와 우리 아이들을 원정대에 초대해주신 김상범 선생님과 서연·서진에게 감사를 전한다.

열두 번의 산행에 한 번도 참석하지 못했지만 언제나 물심양면으로 지지해주고 이 책이 나올 수 있도록 나를 이끌어준 남편 김동남과, 자식에게 무한한 사랑을 베풀 수 있는 사람으로 키워주신 부모님께 온 마음을 다해 감사함을 전한다.

마지막으로 자신의 말과 행동이 책의 소재가 되도록 허락해주고 언제나 나에게 영감을 주는 두 딸 이은, 이우에게 이 책을 바친다.

한 걸음씩 자라는 등산 육아

초판 1쇄 발행 2022년 1월 1일
초판 2쇄 발행 2022년 3월 11일

지은이	이진언
펴낸이	황윤정
펴낸곳	이은북
출판등록	2015년 12월 14일 제2015-000363호
주소	서울 마포구 동교로12안길 16, 삼성빌딩B 4층
전화	02-338-1201
팩스	02-338-1401
이메일	book@eeuncontents.com
홈페이지	www.eeuncontents.com

책임편집	황윤정
교정	김미영
표지 디자인	김기연
디자인	lee.ree.
마케팅	황세정, 최유빈
일러스트	임애현
인쇄	스크린그래픽

ⓒ 이진언, 2021
ISBN 979-11-91053-12-8 (13370)